EL DIARIO DE MI
DETOX

EL DIARIO DE MI

DETOX

Una guía práctica para llevar una vida sana,
tener más vitalidad y de paso,
¡perder peso!

Cecilia Ramírez Harris

HarperCollins *Español*

El diario de mi detox

© 2014, 2016 por Cecilia Ramírez Harris

Publicado por HarperCollins Español® en Nashville, Tennessee,
Estados Unidos de América.

HarperCollins Español es una marca registrada de HarperCollins
Christian Publishing.

Maquetación: Jorge Mota
Diseño Gráfico Interior: Natalia Ortelli de Macky Designs - www.MackyDesigns.com
Fotografías: Andrés Miguel Harris - www.AndresHarrisPhotography.com
Ilustraciones: Daniella Harris - www.ArtbyDaniella.com

ISBN: 978-0-71808-524-7

Impreso en Estados Unidos de América
16 17 18 19 20 DCI 9 8 7 6 5 4 3 2 1

ADVERTENCIA LEGAL

AGRADECIMIENTOS

Este libro nace a raíz del creciente interés que los televidentes han demostrado en el tema desde la primera vez que hablé en televisión del detox hace varios años. Ellos crearon la necesidad de que yo realizara esta guía práctica para que pudieran tener en un solo sitio todo lo relacionado con el tema que es el primer paso para lograr una salud radiante.

Pero este libro no hubiera sido posible sin el apoyo de mi familia: ¡Gracias a todos ellos que por años han tenido que "soportarme" hablándoles constantemente sobre la importancia de la alimentación para la buena salud y sobre mis jugos verdes!

Gracias a mis dos bellos y maravillosos hijos Daniella y Andrés, por la paciencia, colaboración y fe en mí, y cuyos talentos enriquecieron y facilitaron la realización este libro, y gracias a mi esposo Ali por siempre creer en mí, por su amor y apoyo constante.

DEDICATORIA

Quiero dedicar este libro a mujer más bella del mundo, ¡mi mamá! Ella ha sido mi más grande apoyo siempre y una gran motivación para seguir aprendiendo y educándome en el tema de salud. ¡Te adoro, mami!
¡Aquí te va el primero de muchos libros!
También, quiero compartir esta dedicación con mi padre. Gracias papi por siempre mostrarme cuando era una niña lo que podían ser capaces las mujeres si estudiaban y se preparaban para la vida. Espero que estés orgulloso de mi.

MENSAJE

Este es un libro de esperanza, un libro de vida. Mi intención con él es ofrecer posibilidades para tener una vida mejor, más llena de salud y bienestar; con más amor para uno mismo, el planeta y todas las criaturas que en él viven.

CECILIA RAMIREZ HARRIS es una periodista graduada en la Universidad Católica Andrés Bello en su país natal Venezuela. Desde hace casi 20 años Cecilia se ha especializado en temas de salud, bienestar y estilo de vida en el programa "Primer Impacto" de la cadena de televisión norteamericana Univision.

Cecilia es además Hipnoterapista clínica certificada, Life Coach y Coach en pérdida de peso certificada y también es licenciada Master de Programación Neurolingüística PNL. Cecilia ha estudiado Nutrición Clínica en la Universidad de Miami.

Además de informar al público sobre los últimos avances en la medicina tradicional y alternativa, Cecilia usa su experiencia y conocimientos para empoderar grupos e individuos a alcanzar su máximo potencial personal y profesional a través de consultas privadas, charlas y seminarios.

Para más información por favor visite:
www.CeciliaRamirezHarris.com

Síguela en:

FACEBOOK
www.facebook.com/CeciliaRamirezHarrisPage

TWITTER
CeciliaRamirezH

INSTAGRAM
CeciliaRamirezHarris

ÍNDICE

CAPÍTULO 1 29
MORIR SANOS

CAPÍTULO 2 37
QUE TU ALIMENTO SEA TU MEDICINA

CAPÍTULO 3 45
MUNDO TÓXICO

CAPÍTULO 4 51
DESINTOXICACIÓN FÍSICA

CAPÍTULO 5 61
¡LISTOS! ¡LLEGÓ LA HORA DE SACARLE EL JUGO A L A VIDA!

CAPÍTULO 6 81
CÓMO CONTROLAR EL HAMBRE

CAPÍTULO 7 89
EL DETOX Y L A PÉRDIDA DE PESO

CAPÍTULO 8 97
EL DIARIO DE MI DETOX

CAPÍTULO 9 105
DETOX MENTAL Y EMOCIONAL

CAPÍTULO 10 111
PROPIEDADES NUTRITIVAS DE LOS VEGETALES Y LAS FRUTAS

CAPÍTULO 11 139
LOS BATIDOS

CAPÍTULO 12 151
ÁCIDO VS ALCALINO

CAPÍTULO 13 157
¿ORGÁNICO O NO?

CAPÍTULO 14 163
MÁS COLORES QUE EL ARCOÍRIS

CAPÍTULO 15 169
ALIMENTOS PARA CONSERVAR LA JUVENTUD

CAPÍTULO 16 175
JUGOS Y CONDICIONES

CAPÍTULO 17 181
LA IMPORTANCIA DE ESTIRARSE, RESPIRAR, SALTAR Y SUDAR

CAPÍTULO 18 189
MÁS RECETAS DE JUGOS Y BATIDOS

CAPÍTULO 19 197
RECETAS DEL PREDETOX

CAPÍTULO 20 213
DESPUES DEL "DETOX", ¿QUE?

CONCLUSIÓN 219

LISTA DE COMPRAS Y NOTAS 221

DIARIO 223

TUS PROPIAS CONCLUSIONES 229

BIBLIOGRAFÍA 235

LECTURA RECOMENDADA 237

*"**Cecilia Ramírez Harris** ha escrito con gran claridad y una comprensión excepcional un enfoque sobre la desintoxicación en su libro "**El Diario de Mi Detox**". Como experto en el tema de la desintoxicación durante los últimos 40 años, aprecio su percepción integral y cuidadosa del proceso completo desde el principio hasta el final. Ella analiza en detalle cada paso de la desintoxicación. Su libro es una herramienta muy necesaria y un excelente aporte para el mundo de habla española, interesado en el mejoramiento de la salud".*

Dr. Gabriel Cousens, MD, MD (H), ND (hc), DD,
Autor de "Hay Una Cura Para la Diabetes"

Diplomado en Ayurveda, Diplomado de la Junta Americana de Medicina Holística Integrativa y Director del Tree of Life Foundation y el Tree of Life Center, EE.UU., es el ganador del premio César Chávez 2013.

"¡El Diario de Mi Detox es un libro imprescindible para una salud radiante! Cecilia Ramírez Harris ofrece la guía definitiva para la salud y la nutrición a través de una poderosa desintoxicación con jugos verdes que es esencial para mantener sanos el cuerpo, la mente y las emociones necesarias para tener una vida extraordinaria".

Tony Robbins
Autor de "Poder Sin Límites"
Coach Personal de grandes figuras y líderes en el mundo entero y la mayor autoridad a nivel mundial en el campo del crecimiento y cambio personal y profesional. Sus libros han vendido millones de copias en mas de 100 países y junto a sus seminarios han cambiando la vida de millones de personas.

*"En **El Diario de Mi Detox** usted aprenderá las herramientas para recuperar la salud y la vitalidad. Cecilia ofrece una guía fácil de usar, basada en su propia experiencia, que nos trae a todos el poder de la desintoxicación con base en la nutrición".*

Dr. David Perlmutter, MD, FACN, ABIHM
Autor de: "Grain Brain" La Sorprendente Verdad Acerca del Trigo, los Carbohidratos y el Azúcar Asesinos Silenciosos de su Cerebro, # 1 en la lista de los mejores vendidos del New York Times.

Neurólogo certificado y miembro de la American College of Nutrition. Ha recibido numerosos premios por su trabajo innovador en la investigación del cerebro, incluyendo el 2010 Premio Humanitario del Año y el Premio Linus Pauling 2002.

"*El Diario de Mi Detox de Cecilia Ramirez Harris, ofrece una guía practica y útil para el ciudadano del tercer milenio sobre como mantener su salud y aumentar su vitalidad. Esta se hace una guía esencial, al enseñarnos medidas sencillas que podemos seguir a diario para proteger nuestra salud en un mundo cada vez más plagado por la ingestión de toxinas y peligrosos químicos. No es un mito que en la sociedad moderna e industrializada, todos estamos expuestos a toxinas y químicos como aquellos que se utilizan como preservativos en comidas enlatadas, los sulfitos en las carnes procesadas y curadas (sospechoso de causar cáncer del páncreas), el dióxido que se libera de botellas de agua plásticas cuando se exponen al sol y al calor (encontrado en altos niveles en el cáncer de seno), y muchos más. Son tantos los químicos dañinos hallados hoy en día en nuestros alimentos, que eliminarlos de nuestra dieta por completo se hace casi imposible. He ahí el valor de El Diario de mi Detox, por Cecilia. La desintoxicación con jugos verdes ofrece una manera natural de limpiar estas toxinas de nuestro cuerpo, a la par que brindan energía y vitalidad a nuestra mente. Y más allá del Detox, esta guía también nos explica el valor de frutas y vegetales para nuestra alimentación en general, y nos educa sobre sus propiedades nutritivas, anticáncer y antienvejecimiento. El Detox no es dieta: Es sabiduría en la elección de nuestros alimentos. Este libro se convierte así en un instrumento valioso de como alimentarnos sabiamente para proteger nuestra salud en el siglo 21".*

Dra. Leyda Elizabeth Bowes
Titulada por el Board Americano de Dermatología Especialización Avanzada en Dermatología Estética
Directora Médica de Bowes Dermatology en Miami, Florida
ExMiembro del Claustro del Departamento de Dermatología de la Universidad de Harvard

"Cecilia con gran devoción aporta a la comunidad hispana un libro que no solo demuestra su capacidad profesional sino también enseña que su corazón supo buscar, estudiar y aconsejarse de las fuentes correctas. Encontrarán recetas para una pre dieta, muy buenas recetas de jugos como también consejos útiles para vivir sanos y felices. El aporte mayor de este diario es la propia experiencia de salud que Cecilia comparte amorosamente con ustedes. Recomiendo este libro con cariño. Es práctico, fácil y simple sentirse mejor de la mano cálida y con las palabras dulces de Cecilia. Este hermosa guía simplemente te ayudará a explorar lo que es sentirse mejor. Ceci nuevamente te felicito y te agradezco por trabajar con alegría y verdad para mejorar la salud de la comunidad hispana.
Amor, Paz & Vegetales!"

Marcela Tobal Benson, M.A
Maestría en nutrición vegana y alimentación viva
Asesora Holística de Nutrición • www.HolisticNutritionStudio.com
Maestra principal de Nutrición Culinaria de la Escuela Holística del Dr. Gabriel Cousens • www.CousensSchoolOfHolisticWellness.org
Sacerdotisa Esenia Ordenada por la Orden Esenia de la luz de la escuela de Melquisedec

"Cecilia Ramirez Harris es una excelente periodista reconocida por sus segmentos de salud en Primer Impacto, donde orienta a la comunidad latina con sus investigaciones sobre todo lo relacionado con la medicina, la salud y el bienestar, ensenandonos en cada entrega como llevar un vida mas sana. Ahora Cecilia nos enriquece con su libro "El Diario De Mi Detox" donde de una forma clara y sencilla explica la importancia de la desintoxicación a través de los jugos verdes, algo muy necesario en esta época en la que vivimos rodeados de sustancias tóxicas que pueden afectar nuestra salud. Definitivamente estoy convencido de que este, su primer libro, será de gran impacto en nuestra comunidad que tanta sed tiene por aprender como vivir mejor y mantener una vida sana".

Dr. Rafael Antun
Cirujano y Urólogo
Universidad de Miami

"20 años de periodismo médico prepararon a **Cecilia Ramírez Harris** *para escribir un libro que puede cambiar la vida de miles de hispanos, es una condensación del conocimiento actual del poder de los antioxidantes naturales para mejorar la salud y prevenir enfermedades. Cecilia Ramírez Harris tiene la cualidad poco común de convertir la compleja ciencia médica en consejos prácticos, los procesos biológicos más intrincados en fórmulas simples y la nutrición avanzada en recetas fáciles. Cecilia Ramírez Harris logra construir un puente entre la medicina y la cotidianidad. Cada receta y cada consejo está fundamentado en la más avanzada ciencia pero es a la vez practico. Por primera vez algo bueno para la salud sabe bien y no parece medicinal. La trayectoria de Cecilia es impecable y su profesionalismo incomparable, este libro se va a convertir en la guía práctica por excelencia para la nutrición saludable.*

A pesar de los años lo que dijo el padre de la medicina. Hipócrates sigue vigente: 'Deje que los alimentos sean su medicina y que la medicina sea su alimento'"

Dr. Carlos Ramirez Mejia
Neurólogo

"El Diario de Mi Detox" es el libro que faltaba en este momento cuando todos estamos interesados en aprender a cuidarnos naturalmente! Es la vía de mantenernos informados y motivados en todo lo relacionado a salud y nutrición. Estoy segura que sera de gran impacto para la comunidad, ya que nos enseña de una forma amena y sencilla, como cuidar un poquito más de nosotros mismos a través de la desintoxicación no solo del cuerpo sino de la mente y de las emociones. Realmente creo que Cecilia ha cambiado la vida de muchos de nosotros, que con el diario vivir no nos detenemos a cuidar tanto la parte física como la espiritual. Gracias Cecilia, Jackie!"

Jackie Guerrido
Actriz, Presentadora de TV y Celebridad

PRÓLOGO

Un buen día, casi cinco años atrás, llegó a mi consultorio médico la periodista experta en salud de Univisión Cecilia Ramírez Harris, con un propósito bien definido: realizar una investigación sobre los médicos de habla hispana que se dedican a la medicina preventiva como un método de tratamiento no convencional. Me llamo mucho la atención su nivel de interés y la gran cantidad de preguntas sobre el tema. Allí mismo descubrí su pasión por aprender sobre la medicina Funcional y la nutrición y cómo a través de los anos dedicados a cubrir el tema de la salud como periodista había logrado entender la importancia de un acercamiento más holístico en el tratamiento de los pacientes para alcanzar una salud optima.

En este libro de Ramírez Harris, usted encontrará una guía completa y a la vez sencilla, para desintoxicar no sólo su cuerpo sino también su mente, tratándolos a cada uno de manera independiente, pero beneficiando a ambos simultáneamente. En la actualidad, las toxinas se han convertido en el problema más grave que afecta la salud humana, aun cuando las autoridades todavía no lo reconocen. Todas las enfermedades que vemos en nuestra sociedad moderna están vinculadas de manera directa o indirecta a las toxinas, ocasionando daños directos a nuestras células y tejidos, o contribuyendo a la disminución de nuestros propios mecanismos de defensa.

Un ejemplo que vemos a diario, en el consultorio médico, es el desbalance hormonal que ocasionan los químicos a los cuales se exponen las mujeres con las cremas y maquillajes que muchas veces contienen más de 100 tipos diferentes de estas toxinas que, en el cuerpo, se comportan como si fueran hormonas, y sin embargo estimulan, o inhiben, incorrectamente los procesos fisiológicos normales de la célula, y en ocasiones, bloquean el funcionamiento normal de nuestras propias hormonas.

Me complace que Cecilia Ramírez Harris haya decidido compartir sus conocimientos y experiencias en este importante tópico de la salud humana, y que todos sus años de pasión y dedicación hayan sido resumidos en este libro. Sin más preámbulo, les dejo ante las puertas de una fascinante lectura y, más importante aún, con la sugerencia de practicar sus consejos.

Dr. Waldo Acebo
Experto en Medicina Anti envejecimiento, Regenerativa y Funcional

CAPÍTULO 1

Morir Sanos

Según el libro "The China Study" simplemente cambiando la dieta se pueden obtener enormes beneficios para la salud como:

- Vivir más tiempo
- Ver y sentirse más joven
- Tener más energía
- Perder peso
- Reducir el colesterol en la sangre
- Prevenir y las enfermedades del corazón, incluso revertirlas
- Disminuir el riesgo de cáncer de próstata, de seno y otros cánceres
- Preservar la vista para los últimos años
- Prevenir y tratar la diabetes
- Evitar la cirugía en muchos casos
- Disminuir grandemente la necesidad de fármacos
- Mantener los huesos fuertes
- Evitar la impotencia
- Evitar el derrame cerebral
- Evitar los cálculos renales
- Evitar que los bebés contraigan diabetes tipo I
- Aliviar el estreñimiento
- Bajar la presión arterial
- Evitar el Alzheimer
- Combatir la artritis

Morir Sanos

"Si pudiéramos dar a cada individuo la cantidad correcta de alimento y el ejercicio, no muy poco y no demasiado, habríamos encontrado el camino más seguro para la salud".
Hipócrates (padre de la medicina)

Cuando era una niña creía que todas las personas tenían que morir a causa de una enfermedad. Estaba convencida de que con la vejez llegaban los males que eventualmente nos llevarían a la tumba. Esa era para mí la ley de la vida, y creo que muchas personas también piensan así.

Y no es para menos, en nuestra sociedad lo común es ver a las personas mayores con achaques, dolores y enfermas, nos sorprendemos cuando vemos lo contrario y nos cuesta entender a veces cuando alguien muere de viejo y no por causa de una enfermedad. ¿Pero te imaginas que pudiéramos llegar a viejos gozando de buena salud y morirnos completamente sanos? Para muchos eso resulta impensable como lo era para mí, pero hoy en día estoy convencida de que sí es posible, ¡y que esa debería ser la meta de todos!

La verdad es que nadie puede predecir el futuro y saber si sufrirá o no de alguna enfermedad o cuando y de que morirá. Escuchamos historias de personas que a pesar de cuidarse muchísimo terminaron contrayendo un cáncer letal al igual de historias de viejitos que fumaron, bebieron y nunca se preocuparon por su salud y vivieron más de cien años llenos de vitalidad. Genética, dicen unos; suerte, dicen otros. Pero en realidad nadie sabe el porqué de estas cosas. Por eso creo que debemos vivir como si fuéramos a llegar a los cien años y aunque en esta vida no hay garantías, es mejor llegar a viejos sintiéndonos fuertes y sanos, que debilitados por no habernos cuidado lo suficiente.

Un cuerpo bien cuidado es capaz de resistir y combatir cualquier enfermedad que el destino o la genética le ponga por delante, mejor que un organismo débil y mal nutrido. Y si bien cualquiera se puede enfermar aunque se cuide, es mejor estar preparados que ser tomados por sorpresa.

Algunas personas, para justificar su resistencia a cuidarse, dicen "de algo me tengo que morir", y eso es verdad: de "aquí" nadie sale con vida. Lo que parecen no saber es que no hace falta soportar más sufrimiento del necesario.

He conocido a muchas personas que cambian solo cuando son diagnosticadas con una enfermedad seria. En ese momento comienzan a cuidarse y a hacer todo lo necesario para contrarrestar su mal. El miedo a la muerte o a sufrir otro ataque los motiva a informarse y realizan cambios de estilo de vida sorprendentes. Dejan sus malos hábitos, cambian su alimentación y comienzan a hacer ejercicios, tratando desesperadamente de deshacer el daño que se han proporcionado por años. Algunos lo logran, llegan a curarse y a sentirse mejor que nunca, mientras que para otros es demasiado tarde y mueren, o su vida nunca vuelve a ser la misma después de la enfermedad. Claro que también hay quienes que al ser diagnosticados con algo serio se echan a morir y no hacen nada para ayudarse. Lo ideal es no esperar a que llegue el momento de la enfermedad, sino realizar los cambios antes de que sea demasiado tarde y mientras se disfruta de buena salud o al menos no se está enfermo. Muchas veces no estar enfermo no significa necesariamente estar sano, sino que simplemente el daño no llega a manifestarse.

También existen otras razones por las que una persona no cambia su estilo de vida a uno más saludable. Entre ellas está la falta de información y las costumbres familiares. Por años han vivido siguiendo la tradición de sus padres, que en su momento pudieron haber sido costumbres muy sanas. Sin embargo, el mundo ha cambiado y el estilo de vida que llevamos ahora conlleva a enfermedades, ya sea por lo que comemos, el estrés con que vivimos y el aire que respiramos.

Son muchas las personas que viven sin la conciencia del daño que le están ocasionando a su organismo. Pero estoy segura de que si esta información estuviera disponible de una forma más directa, la gran mayoría de las personas sabrían cómo mantenerse sanas sin tener que esperar la llegada de un diagnóstico negativo para hacerlo.

Por eso decidí escribir este libro, para compartir lo que he aprendido a través de los años como periodista especializada en salud, medicina y bienestar y aportar mi granito de arena motivándote a cambiar, a empezar una nueva vida, tomando el control de tu salud y de tu vida en tus manos.

Mi historia en el campo de la salud comenzó hace casi 20 años, cuando empecé a trabajar como reportera en "Primer Impacto", uno de los programas de televisión más vistos en los Estados Unidos. A decir verdad, nunca me interesó la medicina como profesión, aunque de niña, como muchos otros pequeños, quería ser veterinaria para poder cuidar y ayudar a los animalitos que tanto quería. Por lo demás, mis intereses siempre fueron el periodismo, la comunicación y la psicología humana.

Sin embargo, fue emocionante tener mi primer empleo en los Estados Unidos en Univisión, la cadena de televisión en español más grande e importante de este país y comenzar en un campo completamente nuevo para mí. Muy pronto me sumergí en el mundo de la medicina y la salud de forma tal que, en poco tiempo, mis compañeros de trabajo ¡comenzaron a llamarme Dra. Harris! ¡Había encontrado un nuevo amor y la pasión de mi vida!

Cada reportaje que hice fue un proceso de aprendizaje. Literalmente estudiaba cada tema de mis entrevistas a profundidad para entenderlo todo e ir bien preparada a conversar con los expertos. Poco a poco mi conocimiento sobre los temas de salud y medicina se fue expandiendo. Aprendí sobre casi todas las enfermedades, sus causas, sus síntomas y los tratamientos disponibles; la tecnología y los adelantos de la ciencia. Era un mundo fascinante que me llenaba de admiración y respeto.

En poco tiempo, más que un empleo, mi trabajo se había convertido en mi misión de vida. Tenía ante mí una oportunidad maravillosa para servir a los demás convirtiéndome en enlace entre el mundo médico y nuestros televidentes, muchos de los cuales tenían poco o ningún acceso a médicos u hospitales.

Con el paso del tiempo, sin embargo, comencé a notar que la medicina convencional no tenía todas las respuestas y, en muchos casos, se encontraba en un callejón sin salida frente a enfermedades para las que no había una cura, o donde los tratamientos disponibles fallaban, sometiendo al paciente a una serie de efectos secundarios desastrosos.

Ahí comenzó mi frustración, fueron varios los reportajes que realicé donde la desesperanza invadía a mis entrevistados. Recuerdo una historia que hice sobre cáncer infantil. No podía contener las lágrimas mientras hablaba con los padres de estas criaturas, para quienes la ciencia no tenía más nada que ofrecer, y que desesperadamente rogaban por un milagro antes de tener que volver a casa a esperar lo peor.

Todo esto me motivó a mirar a otras direcciones. Me negaba a aceptar que eso era todo y que no había más nada que hacer. Me aventuré entonces a indagar el mundo de la medicina alternativa no convencional.

De nuevo el amor tocaba a mi puerta y era bienvenido. ¡Este era un mundo lleno de esperanza y posibilidades y se abría ante a mí, convirtiéndose en la verdadera pasión de mi vida! Era fascinante ver cómo una sonrisa siempre estaba presente en los rostros de mis entrevistados; tanto el experto como el paciente transmitían un estado de paz y de alegría muy diferente al dolor y la desesperanza de quienes se sentían defraudados por la medicina convencional.

Por supuesto, la medicina convencional ha logrado grandes avances y en la actualidad muchas enfermedades, incluyendo varios tipos de cáncer, pueden ser curados con tratamientos médicos modernos. De ninguna manera quiero ni puedo menoscabar la importancia y el valor que la ciencia tiene en nuestro mundo y en el campo de la salud. Simplemente relato mis experiencias personales a través del tiempo y de lo que me tocó vivir. De pronto comenzaron a llegarme historias sobre tratamientos milagrosos y testimonios que daban fe de sanaciones impresionantes, muchas de ellos documentadas cuidadosamente. En algunos casos, cuando llegábamos a hacer las entrevistas, observábamos largas colas de personas que esperaban ser atendidas.

Para muchas de ellas esta era su última opción después de haber agotado todos los recursos con la medicina convencional. No se daban por vencidas y estaban dispuestas a intentarlo de nuevo, a pesar de que no tener ninguna garantía de que esta vez sí funcionaria. La mayoría parecía motivada por una fuerza superior que les daba confianza y esperanza. Viéndolos, se podía sospechar que inclusive en el peor de los casos la sola idea de que existiera una posibilidad de cura, aunque mínima, podía ayudarlos a sobrellevar mejor su enfermedad y hasta ayudarlos a morir en paz.

Era difícil aseverar si estos métodos funcionaban o no, pero los "milagros" no dejaban de sorprenderme, el efecto placebo parecía jugar un papel muy importante en el resultado.

Recuerdo cuando le pregunté a un sanador si los resultados de sus terapias no serían producto de la mente y se sanaban porque "creían" en él, a lo que me respondió sin tapujos que lo más importante era el resultado y no el por qué: "qué importa si es el efecto placebo lo que los sana, lo importante es que se sanó". En poco tiempo conocí casi todas las alternativas en diferentes versiones. Medicina energética, intuitiva, espiritual, Reiki, chamanismo, herbología, curanderos, terapias con cristales, acupuntura, masajes, renacimientos, aromaterapia, bailes, etc., etc., hasta que llegué a la nutrición.

CAPÍTULO 2

Que Tu Alimento Sea Tu Medicina

ENZIMAS Y LA FUERZA DE LA VIDA

Las enzimas son sustancias que se encuentran
en todos los seres vivos, plantas o animales. Se
conocen como la fuerza de la vida en los alimentos.
Sin enzimas no existiría la vida, ellas hacen posible
que una semilla se germine y se convierta en
una planta. También son la fuerza digestiva que
el cuerpo utiliza para romper los alimentos en
nutrientes y que puedan ser asimilados por
las células.

Que Tu Alimento Sea Tu Medicina

*"Que tu alimento sea tu medicina
y la medicina sea tu alimento".*
Hipócrates

La madre naturaleza y sus poderes curativos son sin lugar a dudas la mejor medicina, el mejor médico y el mejor curandero de todos. Gaia nos ha dado a través de los alimentos el mejor regalo de nuestra vida: nuestra salud.

Siempre me gustó el tema de la nutrición y estudiaba cuanto caía en mis manos: libros, revistas, videos, panfletos que encontraba en los nuevos mercados naturales y orgánicos que se abrían en la ciudad y, por supuesto, con las entrevistas que tuve el privilegio de realizar a expertos y estudiosos de la materia. Y mientras más aprendía sobre las propiedades y el poder de los alimentos, me quedaba muy claro que allí estaba el secreto para nuestra salud y que lo que comemos nos puede curar, pero también nos puede matar.

Recuerdo que dos de los primeros reportajes que hice sobre métodos alternativos para curar el cáncer fueron en Venezuela. Ambos involucraban la alimentación. El primero de ellos fue con el profesor Alberto Milá de La Roca quien era muy conocido en el país por unos heladitos o gelatinas que él había inventado contra el cáncer. El día que fui a hacerle la primera entrevista en su casa, en el interior del país, tenía como cien personas esperándome para que dar testimonio de sus sanaciones con historiales médicos y radiografías en mano. El profesor Mila de la Roca era un hombre fascinante, hablamos por horas, me habló de la física cuántica y de cómo la alimentación que les daban a los enfermos los estaba matando. Su receta secreta la había dado en partes iguales a cada uno de sus hijos para que cuando él muriera ninguno pudiera seguir haciendo las gelatinas sin el consentimiento de los demás. ¡El éxito del reportaje fue tal que al día siguiente de salir al aire ya estaba llegando a su consulta en Venezuela un televidente de Los Ángeles, California! A los pocos meses volvimos a visitarlo y ya estaban con él médicos estadounidenses que habían decidido estudiar su trabajo y ayudarlo a realizar estudios clínicos formales.

Otra historia que impactó fue con la Dra. Edita Hernández Peralta, oncóloga investigadora de la Universidad Central de Venezuela, quien a través de una dieta regenerativa basada en vegetales y suplementos, trataba a sus pacientes de cáncer con mucho éxito, logrando además la curación de muchas enfermedades. Pasamos el día juntas en Caracas visitando a sus pacientes curados con su método. Esta mujer menuda, dulce e inteligente. Al final del día nos preparó ante las cámaras varios platos vegetarianos que recomendaba a sus pacientes para demostrar lo fácil que era su tratamiento.

Por muchos años fui vegetariana y desde ese entonces mi interés por aprender sobre el poder curativo de los alimentos ha estado presente. Sin embargo, y por razones todavía difíciles de entender para mí hoy en día, volví a comer de forma inconsciente por mucho tiempo.

Hace más de una década descubrí la alimentación cruda y quedé fascinada, quise hacer un reportaje para compartir la información con mis televidentes pero me costó mucho conseguir en aquel entonces quien me diera una entrevista.

Finalmente encontré a una ama de casa que me hizo una demostración culinaria con alimentos crudos y me habló de sus experiencias personales con respecto a su salud y la de su familia.

Desafortunadamente no pude conseguir a ningún médico o experto que me hablara de este tipo de alimentación en cámara en aquella época; casi nadie sabía de lo que se trataba.

Lo peor es que las cosas no son muy diferentes hoy en día y pocos médicos saben de nutrición y sus efectos en la salud. No es una materia que se enseña a profundidad en las escuelas de medicina del país, y durante sus años de carrera universitaria, los estudiantes tienen muy pocas horas de estudio sobre la nutrición, si es que tienen alguna. Esto explica por qué son contados los médicos que les preguntan a sus pacientes sobre su alimentación y estilo de vida.

Por eso, cuando conocí al Dr. Gabriel Cousens hace

unos años, sentí una gran alegría y una enorme admiración por este médico psiquiatra, uno de los pioneros en este movimiento nutricional para la cura de enfermedades. Él descubrió temprano en su carrera el efecto de la alimentación en el organismo y las enfermedades. Durante más de 30 años ha demostrado, a través de sus propias investigaciones y colaboraciones, que cambiando la alimentación y el estilo de vida se pueden prevenir y curar enfermedades. En la actualidad en su clínica "The Tree Of Life" en Arizona tiene programas con los que cura la diabetes en 21 días con alimentación cruda.

Se dice que en la vida siempre estamos cerrando círculos y completando ciclos y que de alguna forma las vivencias nos traen al principio con un mejor entendimiento de lo que somos y queremos ser. Cuando en mi adolescencia decidí ser vegetariana lo hice después de leer unos panfletos que mi tía trajo un día a nuestra casa en Caracas. Ahí por primera vez descubrí el terrible maltrato que sufrían los animales destinados a la alimentación humana y como la carne animal afectaba nuestro organismo. Me impactó tanto leer esos panfletos que durante más de una década no comí ningún tipo de carne animal, hasta que poco a poco fui cayendo en la trampa de la desidia y del ambiente que me rodeaba y volví a mis viejos hábitos alimenticios.

Pero la vida me puso en el camino de la salud y su recorrido me trajo de vuelta a casa. Fueron pequeños pasos al principio, luego hice cambios sustanciales en la alimentación de mi familia, como la eliminación de las harinas blancas, el azúcar y las sodas, pero seguíamos comiendo carne, pescado y pollo, a pesar de que mejoré las opciones alimenticias, muy a pesar de mis hijos, que aún estaban muy pequeños.

Con el tiempo me di cuenta de que no era posible continuar alimentándome de la carne animal si quería ser parte de la solución y no del problema. Seguir comiendo carne ya no era una opción para mí.

Así comencé a moverme de nuevo en la dirección de una conciencia más global sobre el tema de la alimentación, el ambiente, los animales y el planeta.

Lo hice gradualmente, dejando primero de comer carne roja. En realidad ya tenía años sintiéndome mal cada vez que lo hacía, no podía dejar de imaginarme de que parte del cuerpo del animal había sido cortado ese bistec. Miraba las venas, el músculo, además sentía el olor a sangre cocinada, que a pesar de ser encubierta con especias vegetales para mejorar el sabor y el olor, no dejaba de molestarme. Al poco tiempo dejé de comer pollo y, por último, el pescado y los mariscos.

Este libro no es para convencer, ni mucho menos convertir a nadie al vegetarianismo; aunque me encantaría que todos se dieran una oportunidad y lo intentaran al menos un día a la semana, dejando de comer carnes de todo tipo. No tengo dudas que notarían la diferencia en su cuerpo inmediatamente.

En el pasado, cuando me preguntaban por qué era vegetariana, respondía que por amor a los animales. Ahora mi respuesta es más amplia; no solo sigue siendo por amor a los animales, sino que también por amor al planeta, a la humanidad, a mi familia y a mí misma. Ahora me sobran las razones, tanto físicas, como mentales y espirituales, para no alimentarme de la carne de otros.

Yo no quiero contribuir y ser partícipe de la tortura y la vida que tienen que sufrir los animales de granja sólo para satisfacer el paladar de un grupo de seres humanos que podrían vivir sin carne. Además, ¡amo a los animales sin discriminación! ¿O es que una vaca no siente dolor al igual que mi perrito?

Otra razón es la espiritual: estoy convencida de que uno no puede pretender ser una persona espiritual y ser partícipe del maltrato y sufrimiento al que son sometidos los animales, y disfrutar de la carne animal sin ver lo que realmente ello significa.

Para mí una persona verdaderamente espiritual no debe producir dolor, ya sea directa o indirectamente. De otra forma, es una contradicción e incongruencia total.

También el medio ambiente sufre con la dieta carnívora. La organización de Alimentos y Agricultura de las Naciones Unidas estima que la industria de la carne genera casi una quinta parte de las emisiones de gases de efecto invernadero creadas por el hombre, acelerando el cambio climático en todo el mundo, mucho más que el transporte. Además, las necesidades de agua del ganado son enormes, mucho mayores que las de los vegetales o granos. Se estima que entre 1.800 y 2.500 litros de agua entran en una sola libra de carne de res. La soya producida en California requiere 220 litros de agua por libra.[1]

Estoy convencida de que la elevación de la conciencia del ser humano está directamente vinculada a lo que come y a su estilo de vida. Consumir carne crea negatividad y enfermedad en las personas.

Muchas personas se convierten en vegetarianas por razones de salud, cuando se enferman seriamente y su médico les dice que cambien o se preparen a morir. Ojalá no fuese necesario llegar a esto. Sin embargo, comer sano para mí fue más allá de ser vegetariana, cuando uno conoce a fondo la forma como se producen los alimentos en este país, se da cuenta de que la industria ha devenido en un negocio donde lo importante es vender, vender y vender algo que se parece a la comida, pero que en muchos casos no lo es.

Nos estamos alimentando de productos que se asemejan a la comida y que están cargados no solo de químicos, sino que son alterados genéticamente.

Hoy en día existen informes científicos, libros y películas que demuestran lo perjudicial que es para la salud la alimentación regular en este país, o como se le dice en inglés: "Standard American Diet o "SAD", que traducido al español quiere decir "triste".

[1] Fuente: www.meatlessmonday.com (N. del A.)

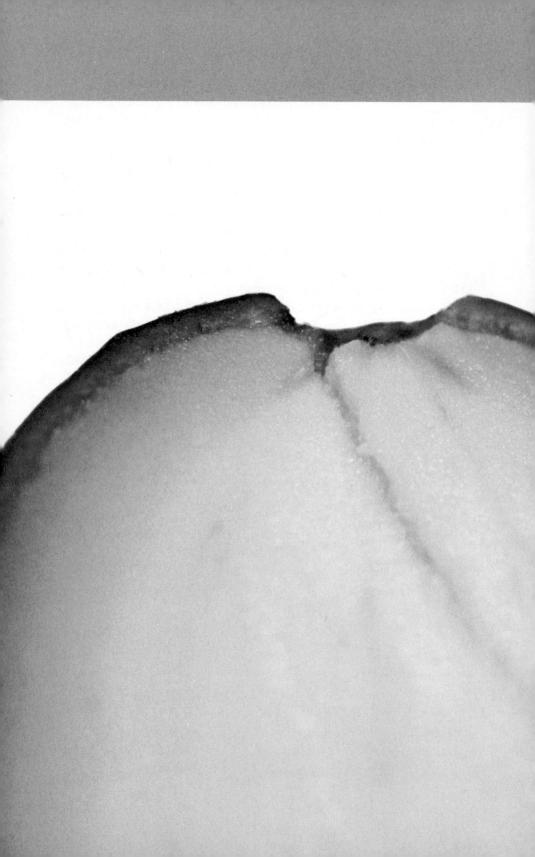

CAPÍTULO 3

Mundo Tóxico

SÍNTOMAS DE INTOXICACIÓN

Algunos de los síntomas y señales de que existe alta toxicidad en el cuerpo son:

Cansancio

Nerviosismo

Ansiedad

Problemas de la piel

Dolores de cabeza

Dolores de espalda

Problemas gastrointestinales

Alergias

Congestión nasal

Problemas endocrinos

Dolores en las coyunturas

Ojos irritados

Tos

Garganta irritada

Picazón en la nariz

Fiebre

Náusea

Indigestión

Ciática

Mente confusa

Falta de concentración

Problemas cardíacos

Mundo Tóxico

"Nada beneficiará tanto la salud humana y aumentará las posibilidades de supervivencia de la vida en la tierra como la evolución a una dieta vegetariana".
Albert Einstein

Pareciera que todo lo que nos rodea es tóxico. En el mundo moderno la toxicidad se ha convertido en una amenaza para la salud. Todos los días estamos expuestos a un sinnúmero de toxinas en el aire que respiramos, contaminado con los gases tóxicos provenientes de vehículos y fábricas cargados de sustancias cancerígenas. El agua llena de químicos como el arsénico, fluoruro, cloro y otras toxinas. También los alimentos están contaminados con pesticidas, fungicidas y fertilizantes, además de los químicos que se añaden cuando son procesados para que tengan larga duración, color y sabor, sin olvidarnos del mercurio en el pescado y las toxinas de las carnes. También en la sociedad moderna estamos expuestos diariamente a la radioactividad de las computadoras, televisores y teléfonos celulares, que pueden ser perjudiciales para las células nerviosas. Según el Dr. David Perlmutter en su "El Libro para un Mejor Cerebro" el aluminio (en el desodorante, champú, ollas y alimentos procesados) el plomo (en la pintura y plomería de las casas viejas), el mercurio (en el pescado y las amalgamas dentales) y las oxitocinas, los químicos agregados a los alimentos como el glutamato monosódico, el aspartame y la proteína vegetal hidrolizada son neurotoxinas que pueden acelerar la degeneración y el proceso de envejecimiento del cerebro. Cada día consumimos más químicos, usamos más drogas y comemos más alimentos procesados llenos de harinas y azúcar refinadas. Experimentamos un aumento en las enfermedades del corazón, y el cáncer. Además cada día se ven más casos de alergias, artritis, obesidad y un sinnúmero de dolencias como fatiga, problemas gastrointestinales, dolores y estrés.

Una investigación realizada por una compañía de desodorantes naturales[2] encontró que una mujer promedio se aplica en su cara y cuerpo 515 productos químicos cada día.

[2] Fuente: http://www.dailymail.co.uk/femail/beauty/article-1229275/Revealed--515-chemicals-2women-bodies-day.html#ixzz1GQljFsBR (N. del A)

El cuerpo cuenta con sus propios sistemas de desintoxicación, pero llevamos una sobrecarga de toxinas tal que difícilmente el cuerpo la puede eliminar por sí mismo, y cuando la carga tóxica es muy alta, estos sistemas se ven afectados, lo que puede conllevar a enfermedades tanto a nivel físico como mental. Por eso, ayudar al organismo con el proceso de desintoxicación es cada vez más necesario en este mundo que vivimos.

Pero también el cuerpo se enfrenta a una serie de toxinas que son creadas internamente por el organismo. En su libro "La nueva Dieta de Desintoxicación", el Dr. Elson M. Haas explica que cuando estas toxinas bioquímicas llamadas radicales libres no son contrarrestadas o eliminadas, pueden irritar o inflamar las células y los tejidos bloqueando las funciones normales a todos los niveles del cuerpo:

> "Los microbios como bacterias intestinales, bacterias extrañas, levadura y parásitos producen desechos metabólicos que debemos controlar. Hasta nuestros pensamientos, emociones y estrés pueden aumentar la toxicidad bioquímica. La eliminación propia de estas toxinas es esencial. Claramente, la salud del cuerpo humano puede manejar un cierto nivel de toxinas; la preocupación es con el exceso ingerido, el exceso producido de toxinas o la reducción del proceso de eliminación"[3]

[3] Obra citada, página 27, párrafo 3 (N. del A.) ; 4Obra citada, página 181, párrafo 4 (N. del A.)

El Dr. Gabriel Cousens en su libro "Alimentación Consciente" habla de la existencia de las toxinas del cuerpo y su impacto negativo en el bienestar mental y físico:

> "Las toxinas usualmente vienen de un proceso llamado "Toxemia intestinal", un sobre crecimiento de bacteria intestinal putrefacta en el intestino delgado y en el grueso. Estas toxinas son luego absorbidas dentro del torrente sanguíneo y de ahí afecta nuestro funcionamiento mental y físico. La toxemia intestinal es causada predominantemente por una dieta excesivamente alta en proteína animal"

CAPÍTULO 4

Desintoxicación Física

¿QUIÉN NO DEBE HACER LA DESINTOXICACIÓN?

Las mujeres embarazadas o que están lactando no deben hacer una desintoxicación, así como personas con enfermedades neurológicas degenerativas, ciertos tipos de cáncer, que estén bajos de peso, y quienes tengan el sistema inmunológico comprometido. Las personas con diabetes deben hacerlo bajo supervisión médica.

Desintoxicación Fí

*"Ninguna enfermedad que pueda ser tratada por med
la alimentación debe ser tratada con cualquier otro med*
Maimónide

Durante miles de años las diferentes sociedades han utilizado el ayuno como método de curación no solo del cuerpo sino del alma también, Moisés, Jesús, Mahatma Gandhi entre otros lo practicaban. Hipócrates conocido como el "padre de la medicina" recomendaba el ayuno para mejorar la salud. También Galeno y Paracelso lo prescribían. Hoy en día, en religiones como el Judaísmo, Islam, Budismo y el Cristianismo, el ayuno se sigue practicando.

Sin embargo, muchas personas usan el ayuno en la actualidad como método de desintoxicación para alcanzar una mejor salud, vitalidad y rejuvenecimiento, así como también lo prescriben algunos profesionales de la salud para el tratamiento de sus pacientes.

Por supuesto que el organismo elimina las toxinas a través de los sistemas gastrointestinal, urinario, respiratorio, linfático y la piel. Sin embargo cuando la carga tóxica es muy grande, como hoy en día, la tarea de eliminación se torna más difícil y las toxinas, al no abandonar el organismo, son reabsorbidas y enviadas de vuelta al torrente sanguíneo. Por eso es importante realizar una desintoxicación física al menos una vez al año y así ayudar a nuestro cuerpo a deshacerse de estas peligrosas toxinas y permitir que el proceso de regeneración celular se dé plenamente.

Existen muchos métodos de desintoxicación o ayuno, donde la idea es no consumir alimentos sólidos. El más riguroso es tomando solamente agua durante los días que dure el ayuno. Otro método muy popular es el Master Cleanse o Ayuno de la limonada, en el que se deben beber de 6 o más porciones diarias de una limonada hecha con limón, sirope de arce orgánico grado B, pimienta de cayena y agua filtrada por 4 a 14 días. Otro de los métodos más utilizado es el ayuno con jugos verdes. Pero, sin ir muy lejos, las personas que consumen una dieta "SAD" podrían experimentar una desintoxicación con tan

...mentos procesados, carnes, harinas, lácteos y
...ir más vegetales orgánicos crudos y cocina-
...os y tomar solamente agua filtrada y té.
...os el organismo puede comenzar un pro-
...sultados palpables en la salud y el peso de la

LOS JUGOS VERDES

La desintoxicación con jugos verdes es para mí el mejor método ya que el cuerpo a pesar de estar en ayunas recibe los nutrientes
necesarios para su sustento mientras se realiza una limpieza profunda del organismo. Los vegetales verdes son los alimentos más densos en nutrición del planeta, altos en **antioxidantes, carotenoides,
vitaminas, minerales, ácido fólico y la clorofila**. Este último es un
compuesto que causa la pigmentación verde en las plantas y es responsable de estimular el proceso de la fotosíntesis, que consiste en la
absorción de la luz del sol o energía solar para convertirla en energía
para la vida.

La **clorofila** es muy similar a la **hemoglobina,** la molécula que
transporta el oxígeno en la sangre, por eso la llaman la **"sangre de las
plantas"**. Esta posee grandes beneficios para los humanos: purifica
y oxigena la sangre, desintoxica el organismo, activa el metabolismo, fortalece las defensas, estimula la formación de glóbulos rojos,
aumenta la energía, mejora el sistema digestivo y alcaliniza el organismo, ayudando con la prevención de enfermedades e infecciones
entre muchos otros beneficios.

MI DETOX

Años atrás, cuando comencé a tener interés por la desintoxicación, era bastante difícil encontrar información; pero con el paso del tiempo los diferentes métodos de desintoxicación se han hecho más accesibles al público en general, sin tener que pagar una fortuna.

Después de muchos intentos y de hacer jugos demasiado amargos, dulces, insípidos o fuertes llegué a una fórmula a mi gusto pero que todavía cumple con los requisitos de tener más vegetales que frutas. Y ahora la quiero compartir contigo.

CÓMO PREPARARSE

El paso más importante que puedes tomar en este momento es consultar con tu médico antes de empezar cualquier tipo de desintoxicación, sobre todo si lo vas a hacer por más de 3 días.

Una vez determinado que es seguro y que no es perjudicial para tu salud, el paso siguiente es elegir la fecha para iniciar el proceso de ayuno. Personalmente recomiendo hacerlo en las vacaciones, cuando uno puede planear el lugar, la compañía y el tiempo para dedicarlo a este proceso que puede ser transformador no solo desde el punto de vista físico sino mental, emocional y espiritual.

Pero si las vacaciones son imposibles y el deseo de realizar el ayuno es superior, entonces te recomiendo comenzar un jueves para que el tercer día, que para muchas personas es el más difícil, caiga en sábado. Así puedes quedarte en tu casa y hasta en tu cama si es necesario. Aunque si te preparas bien y con tiempo las reacciones no deberían ser tan fuertes.

El resto de la preparación es muy simple. Eso sí, para no sufrir efectos secundarios fuertes que te obliguen a parar el ayuno yo sugiero que tengas mucha honestidad a la hora de elegir la fecha para comenzar. Si has mantenido una dieta "SAD" por muchos años, llena de productos procesados, carnes, azúcar, harinas, sodas y alcohol, entonces lo mejor es que comiences 3 o 4 semanas antes a eliminar estos alimentos poco a poco de tu dieta realizando un pre detox. Esto incluye todos los azúcares, harinas blancas, pastas, panes, dulces, refrescos, galletas, carnes rojas y de otros tipos, café, sodas y alcohol. Si estos productos se sacan todos de una vez durante el ayuno, pueden hacer que el proceso de desintoxicación sea muy difícil y una experiencia desagradable y puedes experimentar diversas reacciones de desintoxicación que dependiendo del estado físico, anímico y mental de cada quien pueden ser:

- Dolor de cabeza,
- náuseas,
- cansancio y
- malestar general.

Por eso, mientras más depurado esté el organismo a la hora de comenzar, más suave será la reacción. Durante el ayuno, como el proceso digestivo es mínimo, el cuerpo puede encauzar toda su energía hacia la eliminación de toxinas a través de la piel, los pulmones, el hígado, los riñones e intestinos. Lo primero que notarás será una capa de color blanco o amarillo en la lengua, señal de que el proceso ha comenzado. Además, podría haber un aumento en el olor corporal, del aliento y las heces. Pero no te asustes, eso es parte del proceso de limpieza de tu organismo.

Sin embargo si los síntomas son insoportables, lo mejor es parar, revisar y corregir los pasos anteriores y planear para una fecha futura. Se puede realizar un ayuno de 3, 5, 7 o 10 días. En todo caso hasta un solo día es positivo porque se le da un descanso al organismo.

A continuación voy a compartir contigo mi método, paso a paso, comenzando con la lista de ingredientes que yo uso.

INGREDIENTES |||||||||||||||||||||||||||||||||||||||||||

- **Apio** (celery)
- **Pepinos**
- **Espinacas**
- **Cola rizada** (kale)
- **Berza** (collard greens)
- **Diente de León** (dandelions)
- **Acelga** (chard)
- **Perejil**
- **Manzanas verdes**
- **Toronjas**
- **Limón amarillo**
- **Raíz de Cúrcuma**
- **Raíz de Jengibre**
- **Bicarbonato de sodio**
- **Sal céltica**
- **Té verde**
- **Té de Flor de Jamaica** (Hibiscus)
- **Té de Yerba mate**
- **Agua filtrada**
- **Stevia**

Es importante hacer el esfuerzo y comprar **productos orgánicos** para la desintoxicación, de esta forma no metemos más toxinas en el cuerpo provenientes de los pesticidas, fungicidas y herbicidas que le ponen a los vegetales y frutas.

||||||||||||||||||||||||||||||||||||||||||||||||||| EQUIPO

El equipo es muy simple, se necesita:

- **Extractor de jugo**
- **Tabla para cortar**
- **Cuchillo**
- **Jarra de vidrio**
- **Botellas de vidrio**
- **Bolsa para enemas o lavativa**
- **Cepillo de cerdas vegetales**
- **¡Mucho ánimo!**

EQUIPO ALTERNATIVO ||||||||||||||||||||||||||

- **Alfombra para yoga**
- **Mini trampolín**
- **Licuadora**
- **Bolsa de colar de pintor, o de malla de gasa** (cheesecloth)

En cuanto al extractor de jugos, hay muchos en el mercado con diferentes precios. Los más comunes son del tipo centrífugo, que dan vueltas a alta velocidad lo que produce una oxidación más rápida de los alimentos y también fallan al extraer el jugo de las hojas verdes y en romper la pared celular para extraer más cantidad.

El otro estilo es el "masticador", que es el que yo utilizo y funcionan masticando lentamente los vegetales y las frutas a baja velocidad, preservando la calidad nutricional del jugo. También existen extractores de prensa hidráulica que son más sofisticados y también súper costosos. Sin embargo, aunque lo ideal es tener un extractor de jugo profesional o de alta tecnología esto no debe ser obstáculo para no hacer el "detox" o comenzar a incorporar jugos verdes a la vida diaria. Quienes no tengan extractor pueden usar la licuadora y luego sacarle la fibra al jugo con una bolsa de malla que venden en las ferreterías y que los pintores usan para colar sus pinturas, o de las de gasa de malla que se usan en la cocina conocidas en inglés como cheesecloth que venden en algunos supermercados y lugares de productos para la cocina. Así se puede tomar solo el jugo y desechar la fibra.

Y hablando de fibra, esta no se tiene que perder, se le puede utilizar en sopas, salsas, tortas y hasta en ensaladas, si lo vas a agregar a las comidas trata de no mezclar la fibra de los vegetales con la de las frutas a la hora de hacer el jugo ya que la fibra de la toronja es más amarga y puede dañar la comida. También se puede usar la fibra para el abono de las plantas.

CAPÍTULO 5

¡Listos!
¡Llegó la hora de
sacarle el jugo a
la vida!

JUICING O EL ARTE DE HACER JUGOS DE VEGETALES Y FRUTAS

Los jugos verdes conservan la mayor parte de las vitaminas, minerales y fitonutrientes de las frutas y los vegetales completos.

Tomarse uno es como inyectar nutrición directamente al cuerpo ya que todos sus nutrientes se absorben mejor e inmediatamente con todas sus propiedades anti inflamatorias y de reducción del riesgo de cáncer. Además los flavonoides y antocianinas protegen contra el daño celular oxidativo.

¡Incluir 2 vasos de jugo de vegetales al día ayuda a perder cuatro veces más peso!

¡Listos! ¡Llegó la hora de sacarle el jugo a la vida!

"Las fuerzas naturales dentro de nosotros son los verdaderos sanadores de la enfermedad".
Hipócrates

Luego de hacer tus compras, es importante el estado de ánimo. Es posible que se sienta hambre los primeros días, pero como dice mi amiga y maestra Marcela Tobal Benson, no es hambre real sino psicológica, pues el organismo está recibiendo una gran cantidad de nutrientes; quizás más de lo acostumbrado y en una concentración que hace imposible que el cuerpo experimente hambre y menos por falta de nutrientes.

Estos momentos de hambre o ansiedad se superan con ejercicios de respiración, estiramientos tipo yoga, caminando o tomando un vaso de agua o un té.

Durante los días de la desintoxicación como no se mastica o ingiere ningún alimento sólido se puede experimentar sensaciones extrañas o diferentes, lo ideal es estar atentos y abiertos a esos cambios. Este es el momento de tomar tiempo para uno mismo, comenzar a hacer cosas nuevas y creativas según te vayas sintiendo, lo más importante es disfrutar el proceso, al poco tiempo las personas comienzan a sentirse mejor, más centradas, más felices y ligeras; además comienzan a perder una gran cantidad de peso aunque esa no debe ser la idea del ayuno sino para ayudarnos a ser más saludables en todos los sentidos y para comenzar un cambio definitivo de estilo de vida.

Al principio de mi búsqueda intenté la desintoxicación con diferentes jugos, pero me quedé con los verdes nada más, con una que otra variación.

Ahora mi desintoxicación o "Detox" es más simplificada y utilizo menos ingredientes y combinaciones. Es innegable que con el tiempo el paladar se adapta y le cogemos gusto al sabor de estos jugos, que se pueden diluir si se sienten muy fuertes con un poco de agua filtrada. Por lo general preparo en la mañana jugo suficiente para que me dure hasta la hora que regrese a casa en la noche. Aunque lo ideal es tomarlo inmediatamente después de hacerlo para obtener todos los beneficios nutricionales del jugo, para la mayoría es imposible ir a casa al mediodía a preparar otro jugo, así que lo mejor es adaptarse a las necesidades de cada quien.

Al llegar a casa de noche me preparo el último jugo del día, pero esto por lo general lo hago solo 3 días ya que en la noche del cuarto día y en adelante casi no tengo hambre y solo me tomo un té. Pero los primeros días, cuando siento un poco de desesperación he encontrado que hacer un jugo de manzana verde con limón es, además de delicioso, muy satisfactorio por las noches. Calma la ansiedad y cualquier necesidad de dulce que pueda haber a esa hora. La idea es que experimentes. Si quieres puedes seguir mi plan al pie de la letra o quitar o agregar ingredientes según tu gusto, pero no puedes comer absolutamente nada sólido durante el ayuno. Paciencia... ¡ya te acostumbrarás!

Yo, por lo general, hago el ayuno durante 5 días.

He aquí un ejemplo:

DETOX

DÍA 1 ‖‖

MAÑANA

¡El día tan esperado llegó! ¡Levántate lleno de optimismo porque estás a punto de comenzar un proceso que puede transformar tu vida!

Agradece

Lo primero que tienes que hacer es aún en la cama toma unos minutos para agradecer tus bendiciones. Recuerda que no importa lo mal que creas que estás siempre tendrás cosas que agradecerle a la vida, ¡muchas más de las que piensas! Por ejemplo las cosas que damos por sentado como caminar, hablar, ir al baño por nosotros mismos, ver, escuchar, etc. La lista es larga así que tienes 5 días para compartirla y ojalá lo hagas una rutina diaria a partir de hoy.

Estírate

Luego estira todo tu cuerpo aun en la cama, llena todo el espacio desde la punta de los pies, hasta el cuero cabelludo con tu ser. Luego levántate y aséate.

Vaso de agua con limón

Tomate un vaso de agua temperatura ambiente con el jugo de medio limón.

Ejercicios

Este es el mejor momento para que salgas a caminar al menos 20 minutos respires y te llenes de ánimos.

Jugos

¡Llegó la hora de preparar tu primer jugo!
Aquí debes decidir cuánto jugo hacer. Si como yo tienes que ir a trabajar necesitarás hacer suficiente para la mañana, mediodía

y merienda. Si te quedas en casa entonces puedes hacer uno fresco cada vez.

DESAYUNO Y ALMUERZO

- **2 Pepinos,**
- **8 tallos de apio,**
- **8 hojas pequeñas de col rizada** (Kale)
- **1 pulgada de raíz de jengibre,**
- **1/2 limón amarillo sin piel,**
- **2 manzanas verdes pequeñas,**
- **1 toronja pelada**

Pasa todos los ingredientes por el extractor de jugos y sírvete tu primer vaso.

Esta lista la puedes variar de acuerdo a tu gusto, pero trata de no hacerla muy dulce, aunque si es necesario en un principio pues hazlo para que los jugos te sepan mejor hasta que te acostumbre a este nuevo sabor en tu vida.

Toma agua durante el día con o sin limón, también puedes beber Yerba mate que ayuda a controlar el hambre, el té verde sin azúcar, usa Stevia para endulzarlo si quieres (yo lo prefiero sin nada).

ASEO

Antes de darte una ducha, cepíllate todo el cuerpo de los pies hasta los hombros con un cepillo de cerdas naturales por 3 a 5 minutos. Esto te revitaliza y ayuda a sacar las células muertas, contribuyendo con la limpieza del organismo.

NOCHE

- **1 pepino**
- **2 tallos de apio**
- **1/2 paquete de perejil**
- **1 limón amarillo sin piel**
- **1 tomate mediano**

Una vez que se pasan todos los ingredientes por el extractor de jugo se puede poner a tibiar en una olla (ojo no uses el microondas) por un minuto sin cocinarla, la idea es que esté un poquito tibia para que dé la sensación de sopita, pero no caliente porque si se cocinan los ingredientes pierden su valor nutritivo en un alto porcentaje. Y las enzimas que son muy necesarias para la limpieza. Para darle sabor se le puede agregar una pizca de cúrcuma o pimentón en polvo.

Si aún tienes hambre:

ANTES DE DORMIR

- **2 manzanas verdes,**
- **1 limón amarillo sin piel**

Este jugo es muy gratificante y calma el hambre y la ansiedad y es ideal antes de dormir, además de delicioso.

ENEMA

Se recomienda hacer un enema todas las noches durante el ayuno, esto ayuda a que te sientas con más energía ya que ayudas al sistema a sacar las toxinas en las heces, además los enemas facilitan la excreción de bilis y hace que bilis nueva se produzca.

RECETA PARA EL ENEMA

- 1 cucharada de sal céltica de mar
- 1 cucharada de bicarbonato de sodio
- 2 litros de agua filtrada tibia ni fría ni caliente
- También se puede utilizar el jugo de un limón con el agua.

DÍA 2 ||||||||||||||||||||||||||||||||||||||||||||||||||||||||||||

MAÑANA

Cada día repite la misma rutina:

1. Agradece

Aun en la cama toma unos minutos para agradecer tus bendiciones.

2. Estírate

Después estira todo tu cuerpo antes de salir de la cama. Luego levántate y aséate.

3. Vaso de agua con limón

Tómate un vaso de agua temperatura ambiente con el jugo de medio limón.

4. Ejercicios

Puedes hacer los ejercicios de respiración, salir a caminar o estiramientos tipo yoga para ayudarte con el proceso.

5. Prepara tus Jugos:

DESAYUNO Y ALMUERZO

- 2 pepinos
- 8 tallos de apio
- 8 hojas de berza (green collards)
- 1 limón amarillo sin piel
- 4 manzanas verdes pequeñas
- 1 pulgada de raíz de cúrcuma
- 1 pulgada de raíz de jengibre

Pasa todos los ingredientes por el extractor de jugos y sírvete tu primer vaso y guarda el resto en la nevera mientras te arreglas para salir.

Recuerda beber agua durante el día con o sin limón, también el té verde sin azúcar, si necesitas o quieres endulzarlo hazlo con Stevia.

ASEO

Antes de darte una ducha, cepíllate todo el cuerpo de los pies hasta los hombros con un cepillo de cerdas naturales por 3 a 5 minutos. Esto además de eliminar las células muertas aumentara la circulación y te sentirás revitalizado.

NOCHE

- 3 hojas de col rizada
- 1 Pepino,
- 2 tallos de apio,
- 1/2 limón amarillo sin piel

ANTES DE DORMIR

- 2 manzanas Gala o rojas
- 1 limón amarillo sin piel

ENEMA

DÍA 3 ||||||||||||||||||||||||||||||||||||||||||||||||||||||||||||||

MAÑANA

Cada día repite la misma rutina:

1. Agradece

Aun en la cama toma unos minutos para agradecer tus bendiciones.

2. Estírate

Después estira todo tu cuerpo antes de salir de la cama. Luego levántate y aséate.

3. Vaso de agua con limón

Tomate un vaso de agua temperatura ambiente con el jugo de medio limón.

4. Ejercicios

Realiza alguna actividad física ya sea caminar 20 minutos, ejercicios de respiración o yoga.

5. Prepara tus Jugos:

DESAYUNO Y ALMUERZO

- 1 pepino
- 8 hojas de col rizada
- 6 tallos de apio
- 1/2 paquete de arúgala
- 1 toronja pelada
- 4 manzanas verdes medianas

Pasa todos los ingredientes por el extractor de jugos y sírvete tu primer vaso y pon el resto en la nevera y prepárate para salir a tus ocupaciones.

Recuerda beber de 6 a 8 vasos de agua durante el día con o sin limón, te verde, de Flor de Jamaica o Hibiscus y Yerba Mate.

ASEO

Antes de darte una ducha, cepíllate todo el cuerpo de los pies hasta los hombros con un cepillo de cerdas naturales por 3 a 5 minutos.

NOCHE

- 1/2 paquete de espinaca
- 1 pepino
- 4 tallos de apio
- 1 pimentón verde mediano

ANTES DE DORMIR

- 2 manzanas verdes
- 1 limón amarillo sin piel

ENEMA

DÍA 4 ||||||||||||||||||||||||||||||||||||||||||||||||||||||||||||||||||||

MAÑANA

Cada día repite la misma rutina:

1. Agradece

Da las gracias por otro día y por haber llegado a este punto tan crucial donde el hambre quizás ya ha desaparecido y te sientes renovado y con más energías.

2. Estírate

Estírate en la cama. Luego levántate y aséate.

3. Vaso de agua con limón

Tomate un vaso de agua temperatura ambiente con el jugo de medio limón.

4. Ejercicios

Camina, respira y disfruta estos momentos de claridad mental, escribe e inspírate.

5. Prepara tus Jugos:

DESAYUNO Y ALMUERZO

- 2 Pepinos
- 8 tallos de apio
- 1/2 paquete de espinacas
- 1/2 paquete de Diente de león (Dandelions)
- 1 pulgada de raíz de jengibre
- 1 limón amarillo sin piel
- 3 manzanas verdes

Pasa todos los ingredientes por el extractor de jugos y sírvete tu primer vaso y pon el resto en la nevera y prepárate para salir a tus ocupaciones. Recuerda beber de 6 a 8 vasos de agua durante el día con o sin limón, te verde, de Flor de Jamaica o Hibiscus y Yerba Mate.

ASEO

Antes de darte una ducha, cepíllate todo el cuerpo de los pies hasta los hombros con un cepillo de cerdas naturales por 3 a 5 minutos. Esto te revitaliza y ayuda a sacar las células muertas, contribuyendo con la limpieza del organismo.

NOCHE

- 2 remolachas medianas
- 2 pimentones pequeños rojos
- 2 tomates medianos
- 1/4 de paquete de arúgula
- 1 limón verde mediano

Después de extraerle el jugo ponlos a tibiar en una ollita por un minuto sin calentarlo y agrega una pizca de cúrcuma en polvo. Te puedes tomar este jugo con cuchara como si fuera una sopa para cambiar la experiencia y jugar un poco con la mente haciéndole creer que está tomando una sopa.

ANTES DE DORMIR

- 2 manzanas verdes
- 1 limón amarillo sin piel.

ENEMA

DÍA 5 ||||||||||||||||||||||||||||||||||||||||||||||||||||||||||

MAÑANA

1. Agradece

¡Lo lograste! Llegaste a último día de tu Detox y debes sentir orgullo por la fuerza de voluntad y ¡por dar este paso tan importante para una salud radiante!

2. Estírate

Estírate en la cama. Luego levántate y aséate.

3. Vaso de agua con limón

Tomate un vaso de agua temperatura ambiente con el jugo de medio limón.

4. Ejercicios

Camina, respira y disfruta estos momentos de claridad mental, escribe e inspírate.

5. Prepara tus Jugos:

DESAYUNO Y ALMUERZO

- **2 pepinos**
- **8 tallos de apio**
- **8 hojas de col** (kale lacinato)
- **1 toronja**
- **2 manzanas verdes pequeñas**
- **1 pulgada de raíz de jengibre**

Pasa todos los ingredientes por el extractor de jugos y sírvete tu primer vaso y guarda el resto en la nevera mientras te arreglas para salir. Toma agua durante el día con o sin limón, te verde sin azúcar o Yerba Mate.

ASEO

No olvides cepillarte todo el cuerpo de los pies hasta los hombros con un cepillo de cerdas naturales por 3 a 5 minutos antes de ducharte.

NOCHE

- **4 zanahorias**
- **2 tazas de espinaca**
- **1 tomate mediano**
- **1 pulgada de jengibre**
- **1 limón amarillo sin piel**
- **1/2 paquete de perejil**

Después de extraerle el jugo ponlos a tibiar en una ollita por un minuto sin calentarlo y agrega una pizca de cúrcuma en polvo.

ENEMA

**Y ahora a prepárarte para romper el ayuno
lenta y conscientemente.**

CONSIDERACIONES GENERALES

En líneas generales, al levantarme comienzo el día cepillándome la lengua para quitar las toxinas acumuladas. Luego me tomo un vaso de agua con el jugo de medio limón que tiene efectos alcalinizantes para el organismo (en este tipo de ambiente las enfermedades no prosperan). Después realizo algún tipo de ejercicio físico como caminar entre 30 y 60 minutos y, finalmente, hago un poco de yoga o estiramientos. También es bueno nadar.

Al terminar los ejercicios y antes de la ducha me cepillo el cuerpo en seco de 3 a 5 minutos para sacar las células muertas y ayudar al proceso de desintoxicación. Luego viene el baño donde termino de quitar las células muertas con una esponja. De ahí me dispongo a preparar y tomar mi jugo verde.

Es importante no tomarlo a grandes tragos sino "masticarlo" cuando se pone en la boca, es decir no tragarlo rápidamente sino dejarlo estar en la boca para saborearlo por unos segundos. Personalmente disfruto muchísimo este momento y tengo pensamientos positivos en cuanto a la cantidad de nutrientes que le estoy dando a mi cuerpo y es una especie de celebración de vida y agradecimiento.

Una vez que me tomo el primer jugo, pongo el resto en una botella de vidrio para llevarla conmigo al trabajo y la pongo en el refrigerador mientras me alisto para mi labor. Cuando es posible, voy a la sauna del gimnasio por corto tiempo a ayudar al proceso de depuración a través del sudor.

Otro elemento muy efectivo es usar un mini trampolín para saltar y ayudar al sistema linfático a sacar las toxinas más rápido. El sistema linfático es el responsable por recoger los desechos en el organismo. El saltar abre las válvulas del sistema linfático permitiendo a toda la basura recolectada por el mismo salga y sea desechada por la orina y las heces fecales.

Es importante hacer un enema todos los días, yo lo hago de noche y aunque es la parte que menos me gusta, ayuda con el proceso. En un litro de agua tibia filtrada se pone una cucharada de bicarbonato de sodio y sal céltica, o el jugo de un limón, esto ayuda a limpiar el sistema dándole una ayudita al hígado. También los ejercicios de respiración pueden ayudar con el proceso de limpieza. Uno de los que hago es el "Aliento de Fuego", de la tradición Kundalini yoga, que ayuda a purificar el flujo sanguíneo, energiza y despierta. Es bueno hacerlo cuando se necesita aumentar la vitalidad.Se realiza sentándose ya sea en posición de loto de piernas cruzadas o en un silla con la espalda derecha o también acostada en el suelo sobre la espalda, se entrelazan los dedos sobre las piernas y se comienza a inhalar y exhalar rápidamente por la nariz de forma rápida y continua.

También la respiración "Larga y Profunda" que se realiza en Kundalini Yoga puede ayudar. Se hace sentado en el suelo con la espalda recta, o en una silla, y se inhala de forma lenta por la nariz hasta llenar la parte baja de los pulmones, expandiendo el diafragma y el abdomen. Luego se exhala también por la nariz lentamente, hasta sacar todo el aire de los pulmones. Esta respiración calma la mente y ayuda a balancear las emociones y a controlar el hambre.

CAPÍTULO 6

Cómo Controlar
el Hambre

¿HAMBRE REAL?

Tomar un vaso de agua o una taza de té puede ayudar a controlar la sensación de hambre que se siente, sobre todo, los primeros 3 días del ayuno con ruidos en el estomago y malestar. Sin embargo, no hay que confundirla con el hambre real, ésta se siente en la boca y garganta y no en el estómago iy es la señal que da el cuerpo para terminar el detox!

Cómo Controlar el Hambre

"Los mejores médicos del mundo son: el doctor dieta, el doctor reposo y el doctor alegría".
Jonathan Swift

> El primer día fue el peor, me sentía sin energía y como desesperada a ratos... es una especie de molestia que, aunque nada duela, no me sentía cómoda; sin embargo al día siguiente ya estaba mejor aunque con ataques esporádicos de hambre.

Esas fueron las palabras que escribí en ese diario de mi detox que publiqué en Facebook. En mis primeros procesos de desintoxicación el hambre o las ganas de comer algo sólido fueron abrumadoras por momento.

La sensación de no masticar nada por varios días fue realmente extraña, y hasta cepillarme los dientes era distinto. Recuerdo que al principio cuando cortaba las frutas y los vegetales, me los quería llevar a la boca... es más, una vez inconscientemente lo hice con un pedacito de manzana y cuando lo tenía en la boca lo escupí rápidamente asustada por no querer arruinar mi detox ya que la digestión comienza en la boca al momento de masticar. Eso ya no me sucede y ahora solo son recuerdos de los momentos difíciles que se tienen en los comienzos. No niego que algunos ayunos han sido más difíciles que otros y que en una oportunidad tuve que dejar de hacerlo al tercer día porque no me sentía bien. En ese caso no era solo el hambre lo que me molestaba, sino que mi mente y cuerpo no estaban listos para el proceso. Lo paré por unos días y de nuevo lo realicé a la semana siguiente, sin problemas.

El hambre es normal. Al no ingerir la cantidad de alimentos

sólidos a los que estamos acostumbrados va a haber momentos de ansiedad. Durante el día se pueden presentar momentos de hambre o desesperación, pero pasan rápidamente, sobre todo en los primeros días, y es por cuestión de minutos.

Al principio yo consumía solo 4 jugos de 8 onzas al día, pero luego decidí tomar cuantos jugos fueran necesarios, algunos los mezclaba con agua para diluirlos y tener mayor cantidad, y la sola idea de saber que podía tomar más jugos si así lo deseaba, me tranquilizaba muchísimo. ¡No hay nada como la escasez para que queramos más de eso que no tenemos!

En mis primeros ayunos usaba algunos trucos que aún hoy en día utilizo de vez en cuando. Por ejemplo, hacía los jugos de la noche y los tibiaba un poquito para pretender que eran una sopa (no se debe calentar más de un minuto, porque si se cocina se pierden casi todos los beneficios). Los hacía con zanahorias, tomates, un diente de ajo, pimentón y perejil, les agregaba una pizca de cúrcuma en polvo o pimienta de cayena en polvo, los ponía en una taza o plato de sopa y me los tomaba con una cuchara. Ese truco me servía de mucho porque me daba la impresión de que estaba tomando una sopita; eso además de los te calienticos con stevia, me daban confort en los momentos difíciles. También un té caliente de Flor de Jamaica o Hibiscus, como se llaman en inglés estas flores, endulzado con Stevia, aún me ayuda por las tardes cuando estoy en la oficina si siento hambre o ansiedad. Un té caliente de yerba mate sin endulzante me calma el hambre y además tiene una enorme cantidad de nutrientes.

Un vaso de agua cuando el hambre aprieta ayuda. Diariamente tomo al menos 8 vasos de agua y un té verde varias veces al día, dependiendo de cómo me sienta. Por lo general después del tercer día el hambre desaparece y con el tiempo no se siente deseo ni de tomar el jugo. Todo es cuestión de tener paciencia y no caer en la desesperación. Eso sí, si el hambre es insostenible lo mejor es parar y planear para otra fecha. También se puede hacer más corto el ayuno e ir poco a poco aumentando los días, eso sí, siempre tomando en cuenta la condición de cada quien, y si es necesario, buscar la supervisión de un médico si se hace por mucho tiempo. También el respirar en esos momentos es muy importante. Las dos técnicas que expliqué antes te pueden ayudar a sobrellevar esos minutos. Respirar oxigena y calma.

Lo importante es estar claro de las razones por las que se está haciendo la desintoxicación. Es bueno tener en mente durante esos días que la comida siempre estará allí y que es sólo cuestión de días. Algo muy interesante que se llega a experimentar con el ayuno es la liberación de la necesidad de comer, muchas veces creemos que no podemos pasar el día sin alimentos y lo peor es que a veces lo hacemos sin darnos cuenta cuando estamos muy ocupados y no comemos absolutamente nada por horas, claro que en el caso del ayuno sí estamos alimentándonos ¡y mejor que nunca! También el saber que sí podemos superar el hambre es una sensación liberadora, que te va a encantar experimentar.

ESCRIBIR

Este es un buen momento para hacer un diario y escribir la experiencia, además con el tiempo comienza un proceso de claridad mental donde la creatividad e ideas florecen y es bueno copiarlas en papel.

DESPUÉS DEL DETOX

Es importante romper el detox lentamente y con paciencia ¡y no con un jugoso bistec! Después de varios días sin comer alimentos sólidos, esto podría causar reacciones fuertes en el organismo. Es importante, por lo tanto, tener un proceso de transición, comiendo primero, por ejemplo, una manzana dulce y jugosa, poco a poco, para después de una hora o algo así seguir con una ensalada con poco aliño e ir agregando paulatinamente alimentos sólidos, sin olvidar que la idea de realizar el ayuno fue ayudar a tener un organismo más limpio y sano, para cambiar el estilo de vida y no volver a los hábitos poco saludables de antes.

Sería buena idea que, de ahora en adelante, comenzaras a comer diferente; más sano, limpio y fresco y no volver a la misma alimentación del pasado para así mantener lo que se ha ganado con la desintoxicación. Incluyendo la pérdida de peso, que puede ser muy significativa. Es buena idea hacer un día de ayuno una vez a la semana, como mantenimiento de la siguiente forma. Por la noche, en vez de comida sólida se cena con un jugo verde y al día siguiente se ayuna igual que con el detox: solo jugos el día completo hasta la hora de la cena, cuando se consume solo una ensalada ligera.

CAPÍTULO 7

El Detox y la
Pérdida de Peso

CEPILLADO EN SECO:
El Secreto de Una Piel Radiante

Cepillar en seco la piel todos los días por 3 a 5 minutos ayuda a eliminar más rápidamente las toxinas del cuerpo, moviliza el flujo linfático, exfolia la piel quitando las células muertas, mejora la circulación, regenera las células y reduce la celulitis.

Hazlo antes de bañarte por las mañanas
¡ya verás y sentirás la diferencia!

El Detox y la Pérdida de Peso

"Si los mataderos tuvieran paredes de cristal, todos seríamos vegetarianos".
Paul McCartney

Aunque la idea no es hacer una desintoxicación para perder peso, esto se produce inevitablemente como un efecto secundario.

Según el Dr. Gabriel Cousens en su libro "Alimentación Consciente", el ayuno es una forma segura y saludable de perder peso. A partir del segundo o tercer día el cuerpo comienza a digerir sus propias células en un proceso llamado "Autolisis", en el que descompone las que están en exceso, enfermas, dañadas, envejecidas o muertas.

Personalmente me sorprendo cada vez que hago el ayuno, ya que he logrado perder hasta 8 libras en tan solo 5 días, claro que el peso inicial es la pérdida de líquidos retenidos que salen al no estar consumiendo sal ni condimentos. Por lo general al finalizar vuelvo a ganar 2 ó 3 libras, quedando siempre pesando menos de cuando empecé. Como con toda pérdida de peso a través de dieta y ejercicio, es importante entender que no importa el método que se utilice. Si comemos mal y en exceso, siempre volveremos a ganar el peso perdido y más. Por eso la desintoxicación, aunque es efectiva para la pérdida de peso, no debe hacerse solo con ese fin. Para mí es una buena forma de volver a centrarme cuando me he salido de mi rutina. Por ejemplo, en los días de fiesta como Acción de Gracias o Navidades, épocas en las que tendemos a comer alimentos poco saludables, los dulces, las tortas y los deliciosos manjares tradicionales de la época que nos roban la energía y engordan. Cuando esto sucede, lo primero que hago es comenzar a comer nuevamente saludable en una especie de pre detox y cuando ya me siento lista, hago el ayuno de jugos verdes por al menos 5 días para volver no solo a recuperar mi energía y vitalidad, sino sentirme mejor y volver a mi peso ideal.

PRE-DETOX

Como dije en el Capítulo de la preparación, el pre detox se debe hacer siempre antes de la desintoxicación, sobre todo cuando se ha mantenido una dieta poco saludable, de esta forma los efectos de la desintoxicación son menos fuertes y el detox más fácil de hacer. Para las personas que consumen carne, pollo y pescado, además de alimentos procesados, hacer un pre detox puede ayudarles a perder peso inclusive antes de comenzar el ayuno, ya que en sí es una forma de desintoxicar el organismo o al dejar de consumir alimentos tóxicos que engordan, inflaman y promueven la retención de líquidos.

La idea es comer limpio y fresco, evitar los alimentos procesados, las harinas, azúcares, carnes, sodas, dulces, café y alcohol. En otras palabras, una forma fácil de saber qué hacer, es como dicen por ahí: ¡evitar todo lo que tenga una etiqueta, mamá y papá!

Aquí les doy una idea de qué es lo que como durante el pre detox. No pongo cantidades ni recetas porque son cosas fáciles que no necesitan mucha preparación. No se trata de pasar hambre, pero sí comer lo más limpio posible y variar los platos. Además, para quienes necesiten comer proteína animal, deben solo comer pescado, preferiblemente los que no son de granjas y huevos de gallinas alimentadas orgánicamente y no solo ciento por ciento libre de jaulas, sino que diga en el cartón que son los pollos son criados en el pasto.

Se debe tomar mucha agua; al menos 8 vasos al día. Se puede tomar té y agua de chía, endulzar con Stevia y usar sal Céltica, Himalayan o Real Salt. Se puede escoger entre una o dos opciones que pongo a continuación. Siempre empiezo mi día con un vaso de agua con jugo de limón.

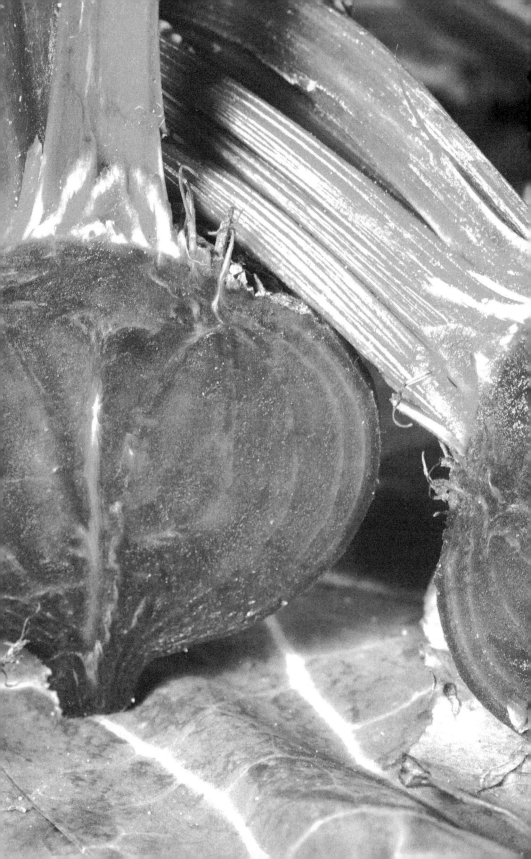

DESAYUNO

- Jugo verde
- Ensalada de frutas
- Semillas y nueces
- Cereal de granos germinados con leche de almendras y media banana
- Avena
- Kéfir
- Granola

ALMUERZO

- Ensalada verde
- Vegetales cocidos al dente
- Una papa condimentada con cilantro y aceite de oliva
- Sopa de vegetales
- Arroz Basmático
- Lentejas
- Frijoles mung
- Ensalada de quínoa.

CENA

- Hongos Portobello con cebolla y pimentón
- Vegetales Stir fry
- Ensalada verde con aguacate
- Hummus
- Crema de brócoli, auyama, o espinaca
- Sopa de Miso
- Espagueti de calabacín
- Jugo verde

POSTRE

- **Pudding con semillas de chía**

Si a esto lo acompañan con ejercicios físicos, como caminar de 30 minutos a una hora al día; o hacer intervalos de intensidad intermitentes, que son perfectos para quemar más grasa. Estos se realizan, por ejemplo, haciendo un calentamiento de 5 minutos, corriendo lo más rápido posible por un minuto y descansando después otros sesenta segundos. Esta rutina se repite varias veces, dependiendo de la capacidad de cada cual, y luego se camina por 5 minutos para enfriar. Les garantizo que podrán perder peso rápidamente y sentirse mucho mejor en cuanto al estado de ánimo, humor y energía.

CAPÍTULO 8

El Diario de Mi Detox

El Diario de Mi Detox

"El médico del futuro no dará medicinas, sino que interesará a sus pacientes en el cuidado del cuerpo humano, y en la causa y prevención de la enfermedad".
T. A. Edison.

La primera vez que hice un detox, fue en las vacaciones que tenía entre Navidad y año nuevo, una época poco recomendable por la cantidad de fiestas y celebraciones que hay, pero quería estar en casa porque no sabía qué tipo de reacciones tendría. En ese momento era mi única oportunidad de hacerlo, ya tenía tiempo buscando la oportunidad y no quería esperar más.

Las tentaciones y saboteos (cariñosos y sin mala intención) por parte de mis familiares fueron muchos. Ellos no podían creer que en lugar de continuar la fiesta yo decidiera comenzar a hacer jugos, yoga y ejercicios de respiración y negarme a comer la rica sopa o la pizza ¡que prepararon ese primer día de mi detox! ¡Aún recuerdo cómo el olor delicioso de la pizza inundaba toda la casa! Pero mi deseo y convicción fueron más fuertes que el placer momentáneo de la comida. Era un deseo que tenía en mente por muchos meses y que no había podido lograr por falta de tiempo. Ese era mi momento y no lo iba a desperdiciar, así que seguí adelante y pude descubrir lo maravilloso de este proceso, a partir de ahí y por los próximos años he estado haciendo mis desintoxicaciones al menos 4 veces al año.

En uno de esos ayunos compartí en mi página de Facebook lo que hice en aquel entonces. Fue con una combinación de jugos un poco más variada que los de ahora. La reacción de mis amigos con el diario de mi detox fue impresionante y desde ese entonces tuve la idea de escribir este libro.

En ese escrito puse todo lo que hice cada día y también describí cómo me sentí. Esta es una muestra interesante que quizás te dé una idea de cómo te vas a sentir durante el proceso:

"

...hoy quiero compartir con ustedes paso a paso mi experiencia para que se den una idea. En líneas generales, se trata de 4 jugos (de 8 o 12 onzas cada uno o más si hace falta) al día de vegetales verdes con un poco de fruta para mejorar el sabor. Tomar mucha agua y tés orgánicos. Agua con limón al despertarme, cepillarse la piel en seco antes de ducharse y un enema diario con limón (algunos creen que es opcional, pero ayuda con el malestar que puede generar el proceso). También hago respiraciones profundas y salto en un trampolín para ayudar a la desintoxicación.

Aquí les copio mi diario de lo que he hecho hasta ahora:

DÍA 1 DE MI DETOX |||||||||||||||||||||||||||||

Lo comencé el primero de Agosto y será una desintoxicación de 5 días...

Jugo de hoy: col verde rizada, apio, manzana verde, toronja y pepino. Para la cena hice una sopa con pepino, apio, tomate, zanahoria, perejil, un limón amarillo, la calenté por 1 minuto (no se debe cocinar) y le puse una pizca de Cúrcuma (Turmeric en inglés).

En verdad que cae bien después del primer día, que para mí es el más fuerte, donde me siento cansada y ¡con hambre!

||||||||||||||||||||||||||||| DÍA 2 DE MI DETOX

Hoy me siento bien. Ayer no tanto, ¡pero logré sobrevivir!

Desayuno: Jugo de toronja, una onza de jugo de aloe vera y un té de Yerba Mate. Jugo: Pepino, apio, repollo rojo, col "Lacinato" o negra, un pedazo de jengibre, toronja y manzana verde. ¡Tomaré lo mismo para el almuerzo! Para la cena, otra sopita cruda como la noche anterior.

Durante el día hice muchas respiraciones profundas, tomé mucha agua y ¡té verde!

DÍA 3 DE MI DETOX ||||||||||||||||||||||||||||||

**Agua con limón, jugo de aloe vera, jugo de toronja y después...
¡mi desayuno!**

Mi primer jugo verde del día con: col rizada, apio, perejil, arúgula, repollo rojo, manzana verde y jengibre... ¡Qué mezcla...! Estaba delicioso...

Tomé lo mismo para el almuerzo y no tuve apetito en la noche, pero me tomé uno pequeño a las 11 pm con toronja, diente de león y berza o coles verdes (collards green). Mucha agua todo el día, pero no tuve tiempo para tés, ¡me sentí muy bien!

|||||||||||||||||||||||||||| DÍA 4 DE MI DETOX

**Esta mañana comencé como siempre con un vaso de agua con
limón; esto alcaliniza el cuerpo...**

Luego tomé 2 onzas de jugo de Aloe Vera... y finalmente me preparé un jugo para el desayuno y el almuerzo con: berza o coles verdes (collards green en inglés), apio, diente de león, repollo rojo, toronja, manzanas verdes y jengibre.

Mañana es el último día, ¡pero estoy pensando alargarlo a los siete! No sé aún, ya veremos.

Cena: jugo de Espinaca, apio, pepinos, diente de león (dandelions), manzana verde y jengibre. La verdad es que ya no siento hambre ni en la mañana ni en la noche solo un poco en la tarde... ¡Me siento bien y con ánimo!

DÍA 5 DE MI DETOX ||||||||||||||||||||||||||||

Hoy es el último día ¡Qué felicidad haber llegado a la meta final!

Y aunque no me fue mal, la idea de volver a comer alimentos sólidos me alegra enormemente! Como siempre, me tomé mi vaso de agua con limón, y el jugo de una toronja antes de mi "desayuno", que fue un jugo de apio, col lacinato o negra, pepino, manzana verde y jengibre. Siempre hago suficiente de este jugo de la mañana para también usarlo en mi almuerzo en la oficina. Hoy al igual que ayer por la noche no tuve hambre y me tome un juguito para no irme a dormir sin haber comido algo. Me hice un jugo pequeño con espinaca, apio, pepinos, diente de león (dandelion), manzana verde y jengibre.

||||||||||||||||||||||||||||| DÍA 6 DE MI DETOX

¡A la mañana siguiente me sentía tan bien que decidí alargarlo por un día más!

Básicamente mi desayuno y mi almuerzo fueron lo mismo que el día anterior un jugo de apio, col, pepino manzana verde y jengibre. Tomé muchísima agua todo el día y té verde. A la hora de la cena hice una "sopa" cruda de zanahoria, apio, tomate, espinaca y limón, la calenté un minuto y le salpiqué cúrcuma... ¡yummmmm...!

Como ya expliqué antes, además de los jugos, todos los días hay que ayudar al cuerpo con la depuración. Por lo tanto se recomienda cepillarse la piel por unos 3 minutos, en seco, con un cepillo de cerdas; cepillarse o limpiarse la lengua, hacerse un enema con agua filtrada y limón o bicarbonato y sal céltica. Meditar, hacer ejercicio ligero como caminar y estiramientos. El yoga es perfecto para esto.

MIS IMPRESIONES

El primer día fue el peor, me sentía sin energía y como desesperada a ratos. Era una especie de molestia que, aunque nada me dolía, no me sentía cómoda. Sin embargo, al día siguiente ya estaba mejor, aunque con ataques esporádicos de hambre. Poco a poco fui mejorando, ¡hasta el punto que hice un día extra de detox!

A nivel emocional, a pesar de que en mis primeros detox sentía irritabilidad, noto ahora que mientras más los hago, estoy más tranquila, con una sensación de paz interna maravillosa.

A nivel mental lo primero que noté, con el paso de los días, fue que mis pensamientos se calmaron y tenía más claridad mental. A nivel físico me siento mejor, más liviana, más limpia... ¡y perdí peso! 5.5 libras y 5.5 centímetros de cintura y casi 3 de cadera! Mi primer Detox lo hice estando de vacaciones, porque no sabía lo que iba a pasar conmigo, y ahora los hago mientras trabajo. Pero en realidad creo que es mejor hacerlo cuando estamos en casa, tranquilos y sin trabajo.

EL FUTURO

Ahora lo más importante es no caer de nuevo en la trampa de comer mal. Debemos seguir depurando el cuerpo con comida sana y haciendo un día de detox a la semana para mantenimiento. Definitivamente somos lo que comemos. Y lo que comemos puede sanarnos o matarnos.

CAPÍTULO 9

Detox Mental
y Emocional

¿Qué pasa cuando pensamos negativamente?

- Suben los niveles del cortisol y adrenalina
- Aumenta el estrés
- Sube la presión sanguínea
- Aumentan los pálpitos del corazón
- Nos ponemos tensos
- Aparecen las arrugas

¿Qué pasa cuando pensamos positivamente?

- Somos menos propensos a enfermedades
- Se fluye con la vida
- No hay estrés
- Hay esperanza
- Vemos posibilidades y no problemas
- Encontramos soluciones

Detox Mental y Emocional

"El secreto de la salud para ambos, la mente y el cuerpo, no es llorar por el pasado, preocuparse por el futuro o anticipar problemas, sino vivir el momento presente sabia y sinceramente".
Siddartha Buda Guatama

No sólo es importante desintoxicar nuestro cuerpo físico; también las emociones y la mente necesitan ser depurados. La razón es muy simple: así como acumulamos toxinas en nuestro organismo lo hacemos en nuestra mente y emociones.

Por lo general existe una tendencia de ver al cuerpo como una entidad separada, que tiene poco que ver con cosas intangibles como las emociones y los pensamientos. Sin embargo somos un todo que está totalmente relacionado, y todo lo que pensamos y sentimos se manifiesta de forma tangible en el cuerpo físico. Por eso, tener una mente muy tóxica nos afecta emocional y físicamente. Se estima que el ser humano tiene entre 12 mil y 70 mil pensamientos cada día. De esos pensamientos, el 98 por ciento son los mismos que tuvimos el día anterior y, lo que es peor: ¡el 80 por ciento de todos nuestros pensamientos son negativos!

El pensamiento negativo que se repite en la mente una y otra vez ocasiona estrés, y ya sabemos que el estrés puede deteriorar la salud del cuerpo físico y la mental. Así como somos lo que comemos, también somos lo que pensamos.

Nuestra vida en realidad es el reflejo de nuestros pensamientos. ¿Cuántas veces no creamos historias en nuestra mente y llegamos a creerlas? Si todas esas historias fueran felices imagínate la vida que tendríamos, pero el problema es que la mayoría de las historias son negativas y contaminan la mente, trayendo como consecuencia, enojo, odio, envidias y resentimientos.

Por eso es muy importante convertirnos en observadores de nuestros propios pensamientos y estar alertas para cuando se aparecen. En lugar de darles la bienvenida y alimentarlos, debemos rechazarlos. Se puede simplemente ignorar el pensamiento negativo y pensar en otra cosa. Aunque no es tarea fácil, sí se puede lograr. Una forma de hacerlo es imaginar que se baja poco a poco el volumen en nuestra mente hasta ya no escuchar nada; también podemos cantar, rezar o hacer mantras en voz alta, eso hace que el cerebro se vea obligado a enfocarse en la canción o el mantra y se olvide del pensamiento negativo. Tenemos que darnos cuenta de que no somos nuestros pensamientos; tampoco debemos creer en todo lo que pensamos. La mayoría de nosotros estamos convencidos de que somos nuestra mente y que cada pensamiento es real, pero en verdad muchos de nuestros pensamientos los creamos nosotros mismos y no tienen nada que ver con la realidad.

No se trata de decir y forzarnos a creer que todo está perfectamente bien, o negar la realidad y pretender que las cosas negativas no suceden o que no existen personas tóxicas en nuestra vida, pero debemos aprender a reconocer la diferencia y a decidir si ese pensamiento, situación o persona son lo que necesitamos en nuestra vida.

Claro que si estamos frente a un accidente, por ejemplo, debemos hacer lo que sea necesario en ese momento; pero luego es importante seguir adelante con nuestra vida y no pasar el resto del día, la semana o el mes pensando sobre el asunto una y otra vez.

De las situaciones negativas podemos sacar algo positivo, por ejemplo las lecciones y enseñanzas que nos quedan cuando no nos va bien son algo muy valioso que nos pueden ayudar a seguir adelante. Es importante aprender a ver las cosas como son y no peor de lo que son, tener cuidado en lo que nos enfocamos y encontrar soluciones a los problemas sin ser negativos.

Cuando estamos atentos y conscientes podemos simplemente decir no, este pensamiento no me conviene e inmediatamente cambiarlo por uno mejor. Esto se logra cuando nos enfocamos en las cosas que están bien en nuestra vida y no en lo que va mal, concentrarnos en lo negativo lleva a muchos a perder su autoestima, porque se forma una especie de cadena de negatividad que los lleva a creer que no sirven, que son feos, que son malos y que nunca lograran hacer algo bueno con su vida. También es importante, en lo posible, rodearse de personas positivas y evitar a las negativas, ya que resultan perjudiciales. Muchas veces mantenemos esas relaciones por creer que, porque han sido nuestros amigos desde siempre, tenemos que seguir con ellos y no es así. Sin dejar el afecto, podemos alejarnos de esa influencia negativa poco a poco y sin herir a nadie.

También es importante mantenerse alejado de chismes, esto puede ser adictivo y peligroso y alimenta la negatividad. Eso no quiere decir que a partir de mañana terminaremos todas nuestras relaciones y dejaremos de hablar a muchos de nuestros amigos. No significa que en la vida hay que saber escoger no solo lo que se come, sino lo que se piensa y se habla porque todo tiene un efecto en nuestra vida.

Los pensamientos, las situaciones y las personas negativas no van a desaparecer. Por eso, más que esforzarnos en tener una mente positiva, tenemos que hacer todo lo posible para no pensar negativamente. El gran cambio vendrá cuando entendamos que no es el pensamiento negativo lo que importa, sino cuánto tiempo le dejamos permanecer en nuestra mente y lo que hacemos con él. El verdadero secreto está en la forma como reaccionamos, porque lo importante no es lo que sucede, sino lo que hacemos con lo que sucede. No es el pensamiento negativo sino lo que hacemos con él.

CAPÍTULO 10

Propiedades Nutritivas de los Vegetales y las Frutas

¿QUÉ SON LOS ANTIOXIDANTES?

Los antioxidantes son compuestos naturales como vitaminas, minerales y enzimas que se encuentran en algunos alimentos y son capaces de contrarrestan el dañino efecto de la oxidación, un proceso que ocurre normalmente en el tejido animal, los antioxidantes ayudan a neutralizar los radicales libres en el cuerpo, que puede causar enfermedades y acelerar el proceso de envejecimiento.

Propiedades Nutritivas de los Vegetales y las Frutas

Para los jugos verdes se puede usar cualquier tipo de vegetal: brócoli, repollo, cilantro y todo lo verde que se consiga en la cocina. La decisión de cuales usar depende del gusto personal y la práctica. Por eso te invito a experimentar y hacer tus propias combinaciones.

Lo mismo no sucede con las frutas, ya que algunas, como la banana, no se recomiendan. Además, hay que tener cuidado con el contenido de azúcar de las frutas y no abusar, se usan para mejorar el sabor de los vegetales que puede ser amargo en ocasiones y se debe bajar la cantidad a medida que uno se va acostumbrando al sabor.

La siguiente lista es de los vegetales frutas que uso más frecuentemente, pero no son los únicos que se pueden usar:

Apio (Celery)

Es un vegetal muy nutritivo, fuente importante de antioxidantes; contiene vitaminas A, B, C, K y beta carotenos, además de flavonoides y fitonutrientes que han demostrado proporcionar beneficios antiinflamatorios.

El apio es bajo en calorías y sin grasa. También es una fuente importante de potasio, manganeso, calcio, magnesio, fósforo, hierro, azufre, cobre, zinc y aluminio. Es un diurético natural, promueve la salud arterial, reduce los niveles de colesterol en sangre, regula el tránsito intestinal.

Además, el apio es rico en **sodio**, lo que ayuda a prevenir el catarro, es bueno para la artritis, reumatismo, la acidez, alta presión sanguínea y para los nervios. Según el Dr. Bernard Jensen en su libro Foods That Heal (Alimentos que Sanan) **Mientras más sodio el tejido absorba, más alcalino y fuerte se vuelve.** Las personas musculosas que consumen alimentos ricos en sodio son las personas más fuertes que tenemos. Ellos son fuertes porque tienen una gran cantidad de sodio en sus tejidos, tendones, ligamentos y coyunturas.

Pepino

Con solo 14 calorías por taza, es un hidratante natural por su alto contenido de agua. Además, el pepino es conocido por su concentración de sílica, un mineral que es un componente esencial del colágeno. Por su jugo se recomienda para mejorar la complexión y salud de la piel. Es rico en fitonutrientes y antioxidantes. Es buena fuente de vitamina C, A y K, contiene ácido pantoténico, magnesio, fósforo, manganeso y potasio.

Aporta pequeñas cantidades de vitaminas del grupo B tales como folatos, B1, B2 y B3 que ayudan a la salud del corazón.

El pepino es uno de los pocos vegetales que se menciona en la Biblia y en la leyenda de Gilgamesh un rey de Uruk que vivió alrededor del 2500 AC en lo que hoy es Iraq y Kuwait. **Los antiguos egipcios lo consumían, al igual que los griegos y los romanos.** En el pasado se pensaba que comerse la cáscara era mortal sin embargo es la parte más nutritiva de este vegetal que es **95 por ciento agua.**

Espinaca

Conocida como uno de los vegetales más saludables, la espinaca es rica en vitaminas A, C, B2, B6, E y K, manganeso, ácido fólico, magnesio, hierro, calcio y potasio. Además es casi un 50 por ciento proteína.

Su contenido de ácidos grasos esenciales ayuda a eliminar colesterol e impedir la formación de placas en las arterias. Disminuye la presión arterial y previene ataques al corazón, sin embargo, el ácido oxálico que contiene se puede combinar con los metales en el cuerpo e irritar los riñones por lo que se recomienda consumir además otros tipos de vegetales de hojas verdes y no solo espinaca.

¿Sabías que el alimento favorito de Popeye, además de **nutrir los ojos** y **formar huesos** tiene efecto **laxante**, ayuda con la **digestión**, protege la **mucosa** que reviste el **estomago**, lo que ayuda a prevenir las **úlceras** y es excelente para **la pérdida de peso**? Además, ayuda con el cuidado de la **piel seca**, **mineraliza** el cuerpo y es rica en **sodio**, lo que ayuda a prevenir el catarro.

Col Rizada (Kale)

Es una de las hortalizas más saludables del planeta. Contiene Vitamina A, C, K, calcio, cobre, potasio, hierro, selenio, manganeso y fósforo y fitonutrientes que contienen azufre. También es rica en antioxidantes como carotenoides y flavonoides, es rica en luteína y zeaxantina que promueven la salud de los ojos. Ayuda a bajar los niveles del colesterol malo, y sus propiedades anti inflamatorias protegen contra enfermedades del corazón y arteriosclerosis, ayuda con trastornos digestivos y estomacales. Y es un arma poderosa para proteger contra el cáncer y otras enfermedades causadas por los radicales libres.

Además de la col rizada verde, está disponible en otras variedades como Col roja, lacinato, blanca, dino (o dinosaurio) y negra.

Es el vegetal de moda de estos tiempos. Sin embargo la **col rizada o Kale** como se le conoce en inglés, ¡se ha consumido por **más de 4 mil años!** Y aunque en su forma original es una hoja dura y un poco amarga, cuando se consume cruda en ensaladas se le puede dar un masaje por pocos minutos ¡y la transformación es impresionante! La hoja cambia su color y se pone más oscura, su textura se vuelve más suave y tierna ¡y hasta su sabor cambia a uno más dulce! Se le puede masajear con ambas manos con un poco de aceite de oliva, sal y limón y al terminar ¡ya la ensalada está lista y condimentada!

Berza (Collard Greens)

Tiene altas cantidades de vitamina A, C y K. Es una gran fuente de minerales como calcio y manganeso, incluso más que la espinaca. Contiene también ácido fólico y ácidos grasos Omega 3. Ayuda a reducir el colesterol, protege contra los catarros bronquiales y es un muy buen cicatrizante.

Por su alto contenido de antioxidantes protege contra el envejecimiento, el cáncer y las enfermedades del corazón.

La **Berza** es uno de los miembros más antiguos de la familia de los **repollos o coles**. Se cree que se ha consumido por más de **4 mil años** y que fue cultivado por los antiguos **griegos y romanos**.

La capacidad para **reducir el colesterol** de este vegetal es mayor que la de vegetales como la col rizada, hojas de mostaza, brócoli, coles de Bruselas y el repollo. Sin embargo la **Berza** se encuentra entre un pequeño número de alimentos que contienen cantidades medibles de oxalatos que cuando se concentran demasiado en los fluidos corporales pueden **cristalizar y causar problemas de salud**. Por eso las personas con problemas renales o de vesícula biliar deben tener cuidado al consumir este vegetal. Los oxalatos también pueden interferir con la absorción de calcio del cuerpo de una forma relativamente pequeña.

Diente de León (Dandelion)

Tiene más betacaroteno, calcio y muchos más minerales que la mayoría de los vegetales cultivados. Rico en vitaminas A y K, tiene efectos purificadores en la sangre, limpia el hígado y neutraliza los ácidos del cuerpo. Contiene ácidos grasos Omega 3 y grandes cantidades de calcio, que junto a la vitamina K ayudan a fortalecer los huesos protegiendo contra la artritis y osteoporosis.

Su nombre viene del francés **dent de lion** o **diente de león** en español por la forma afilada de sus hojas. Es un potente **limpiador del hígado,** siendo la raíz más poderosa que las hojas. También ayuda a **limpiar los riñones** y actúa como **diurético** aumentando la cantidad de orina que produce el cuerpo, aumentando así la **eliminación de toxinas** a través de los riñones.**Mineraliza** el cuerpo, **baja el azúcar** en la sangre y existe evidencia de que puede ayudar en el tratamiento en **cáncer** de próstata y senos.

Acelga (Chard)

Es uno de los vegetales de más alto contenido de folatos, fitonutrientes, calcio, hierro, manganeso, sodio, potasio, cobre, betacaroteno, vitamina A, B, C, y K. Ayuda a regular los niveles del azúcar en la sangre, protege contra la anemia, la osteoporosis, enfermedades del corazón y cardiovasculares. Además, la acelga ayuda con la inflamación de los riñones, trastornos del hígado y diabetes.

La **acelga** está relacionada con **las espinacas y la remolacha,** es verde con tallos de color blanco o rojo y a veces, verde con amarillo, ha sido consumida por el hombre por lo menos desde los **antiguos griegos.**

Arúgula

Rica en vitamina K, C y A. También contiene complejo de vitamina B, folato magnesio, hierro y cobre. Sus fitoquímicos contienen muchos compuestos de azufre que permiten a las células del cuerpo desintoxicarse más ayudando al hígado a crear glutationa, que es el desintoxicante maestro secretado por el hígado si se encuentran presentes los precursores nutritivos correctos.

A la **Arúgula** se le conoce también como rúcula o rúgula, es una fuente de **clorofila** y un gran agente **purificador** del hígado y ayuda con el proceso de **desintoxicación** del cuerpo. Contiene un aminoácido llamado **triptófano**, que ayuda a la liberación de **serotonina**, un neurotransmisor que produce la sensación de placer, por lo que algunos dicen que tiene **propiedades afrodisíacas**.

Perejil

Contiene gran cantidad de vitaminas A, B1 y C, también hierro, potasio, calcio y proteínas. Los aceites que contiene pueden neutralizar algunos carcinógenos. Su alto contenido de flavonoides combate los radicales libres y reduce el riesgo de contraer ciertos tipos de cáncer.

El **perejil** es bueno para la **diabetes**, limpia los **riñones** y controla el **calcio** en el cuerpo. **Mineraliza** el cuerpo y es **purificador** de la sangre. Además, ¡es bueno para el **sistema sexual** y la **sangre**, además de que estimula la actividad del **cerebro** y refresca el **aliento**!

Pimentón Verde

Rico en fitonutrientes, antioxidantes, vitamina A, E, K y seis veces más vitamina C que las naranjas. También contiene complejo de vitamina B1, magnesio, potasio y manganeso. Tienen propiedades antiinflamatorias que protegen contra algunos tipos de cáncer. También ayudan con la salud de los ojos y el corazón.

Su alto contenido de **vitamina C** se obtiene solo cuando se consume **crudo y fresco**, pero una vez que se cocina pierde buena parte de su contenido vitamínico. Es rico en **silicio** que ayuda a embellecer el **cabello, las uñas, la piel y los dientes**.

Manzanas Verdes

Son ricas en fitonutrientes y antioxidantes, ayudan a regular el azúcar en la sangre reducen el riesgo de asma y de desarrollar algunos tipos de cáncer.

Por su contenido en cistina y arginina, así como el ácido málico, resulta muy adecuada para eliminar las toxinas que se almacenan en el cuerpo y que, además de combatir o impedir las enfermedades anteriormente citadas, son muy adecuadas en afecciones como ácido úrico, gota, y el tratamiento de enfermedades relacionadas con los riñones, como los cálculos o la insuficiencia renal.

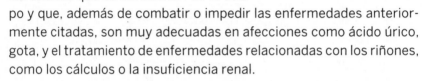

Las **manzanas verdes** tienen un alto contenido de **ácido málico** que ayuda a la **desintoxicación**, a limpiar el **hígado** y da **energía**. Además son **alcalinizantes** y contienen 50 por ciento más **vitamina A** que las naranjas.

Toronja

Posee un gran contenido de vitamina C. Ayuda a tener una piel sana y radiante. Mejora la circulación de la sangre, al mismo tiempo que refuerza los capilares y da elasticidad a las paredes arteriales. Es muy efectiva contra las várices. Es un fuerte aliado en la lucha contra la anemia, pues ayuda a que el hierro de los alimentos se absorba mejor. Combate eficazmente la hipertensión.

La **toronja** fue cultivada hace más de **4 mil años** en la India y Malasia. Por años no fue popular por su sabor amargo, pero es ese sabor precisamente lo que hace que los **jugos digestivos** aumenten en el estomago. Tomar jugo de toronja por la mañana ayuda **contra el estreñimiento** y cuando se bebe antes de ir a la cama ayudar a **dormir bien**.

Limón Amarillo

Es una fuente excelente de vitamina C, que es vital para el funcionamiento de un sistema inmunológico fuerte, también es una buena fuente de complejo vitamínico B, hierro, cobre, potasio y calcio. Contiene una variedad de fitoquímicos, beta carotenos, zea xantina y luteína.

Limón Verde

Es Alcalinizante, ayuda a aliviar la artritis gracias a su alto contenido de vitamina C.

El **limón** y las **naranjas** pueden ayudar a disolver ciertos tipos de piedras de los **riñones** y la **vitamina C** que contienen sirve para promover la **sanación** y combatir los **radicales libres**.

Raíz de Cúrcuma

Combate los radicales libres y bloquea las enzimas que promueven el crecimiento del cáncer. Es un potente antiinflamatorio de grandes beneficios para la artritis. La cúrcuma se utiliza para muchas condiciones: garganta irritada, resfriados, influenza, sinusitis, gingivitis, alergias, dolores de coyunturas, mejoramiento de la digestión, dolor de estómago, tos y nariz aguada; asma, llagas en la boca, morados, heridas y picaduras de insectos.

Según algunos estudios la cúrcuma previene la progresión del **Alzheimer** y de la **esclerosis múltiple.**

Raíz de Jengibre

Es un poderoso antioxidante, fortalece el sistema inmunológico, reduce la inflamación y el dolor de la artritis y ayuda con los malestares estomacales.

- Calma el malestar menstrual
- Impide los mareos por movimiento
- Combate el malestar estomacal
- Reduce la inflamación
- Combate problemas respiratorios comunes
- Promueve la circulación normal de la sangre

Aguacate

Contiene 14 minerales que regulan las funciones del cuerpo y estimulan el crecimiento. También tiene ácido oleico que reduce el colesterol malo, aumenta el colesterol bueno y proteger contra los coágulos de sangre. Son una gran fuente de vitamina E, potasio, grasas monoinsaturadas y antioxidantes. Reduce el colesterol, mejorar la salud de la piel y disminuir la presión arterial. El hierro y el cobre que contienen ayuda en la regeneración de las células rojas de la sangre y la prevención de la anemia. Son ricos en folatos que ayudan con la prevención de ataques al corazón y reducir el riesgo de osteoporosis.

Para madurar más rápido a los **aguacates** cuando están verdes colóquelos en una bolsa de papel con una banana o una manzana dentro. Estas frutas despiden gas llamado **etileno** que al quedar atrapado en la bolsa ayudan al aguacate a acelerar su proceso de maduración.

Zanahorias

Es alimento para los ojos por su alto contenido de vitamina A, una zanahoria tamaño mediano puede proveer 200 por ciento del requerimiento diario de esta vitamina. Están cargadas de beta carotenos, contienen cantidades valiosas de antioxidantes como la vitamina C, complejo B, también contienen minerales como cobre, calcio, potasio, manganeso y fósforo.

Los **zanahorias** halan las impurezas de la tierra, por eso con frecuencia los agricultores las usan para limpiar la tierra. Mientras más profundo es su color naranja mayor es su contenido de **betacarotenos**.

Uvas

Son buena fuente de vitamina C, A, K, carotenos, vitaminas del complejo B, riboflavina y tiamina. Las uvas son ricas en minerales como el cobre, el hierro y el manganeso. Contiene un compuesto llamado resveratrol que un potente antioxidante que protege contra cáncer del colon, próstata, enfermedades coronarias y Alzheimer. Además purifica la sangre y limpia los intestinos.

Las semillas de la **uva** se pueden comer y están llenas de **antioxidantes**.

Fresas

Son buena fuente de vitamina C, manganeso, potasio, fibra y antioxidantes conocidos como polifenoles. Su combinación única de antioxidantes y nutrientes anti inflamatorios ayuda a prevenir enfermedades cardiovasculares, regula el azúcar en la sangre, protege su corazón, aumenta el HDL (colesterol bueno), baja la presión arterial y proteger contra el cáncer cervical, del seno, del esófago y del colon.

Las **fresas** tienen más **vitamina C** que una naranja y por su alto contenido de **sodio** es considerada la **fruta de la juventud.**

Tomate

Los tomates están cargados de antioxidantes como la vitamina C y beta-caroteno, contiene manganeso y vitamina E. Además de fitonutrientes, flavonoles, y los carotenoides, licopeno, luteína, zeaxantina y betacaroteno.

El licopeno que contiene es lo que le da su color rojo y puede ayudar a proteger contra el cáncer de la próstata, de pulmón, de colon, de esófago, de mama y de la piel.

El **tomate** es en realidad una fruta pero se usa como un vegetal. Aumenta la **alcalinidad** en la sangre y ayuda a **remover las toxinas**, especialmente el **ácido úrico** del sistema; limpia el **hígado** y la **sangre**.

Bananas

Son ricas en potasio y fibra lo que protege el sistema cardiovascular manteniendo la presión sanguínea y la función del corazón normal. Contiene cobre, magnesio y manganeso.

También los antioxidantes luteína, zeaxantina, vitamina C y fibra soluble. Son también buena fuente de vitamina B6. Tienen un efecto antiácido que protege contra las úlceras, ayuda con la visión y formar huesos fuertes. Algunas bananas son ricas en carotenoides y se pueden identificar por el color de la parte comestible; mientras más dorado, más carotenoides.

Consume las **bananas** cuando estén más llenas de manchas negras. Las frutas cuando están **maduras** son más **alcalinizantes**, las que no están maduras puede ser **acidificantes**.

Mango

El mango es una fuente rica de enzimas que pueden ayudar con la digestión, a limpiar el sistema digestivo mientras proporciona grandes cantidades de vitamina A, C y los flavonoides como el betacaroteno, el alfa-caroteno y beta criptoxantina Proporciona potasio y fibra. También es una fuente muy buena de vitamina B6 (piridoxina) y vitamina E.

El **mango** contiene **ácido tartárico**, **ácido málico** y **ácido cítrico** que mantienen el porcentaje de **alcalinidad** en el cuerpo. Además, ayuda a **desinfectar** el cuerpo, limpia la **sangre** y ayuda con la **fiebre**.

Semillas

Elige las frutas que tengan semillas, las que se venden sin semillas son simplemente alteradas genéticamente por la mano del hombre y por lo tanto son híbridas que por lo general son más altas en azúcar y bajas en minerales.

CAPÍTULO 11

Los Batidos

Los batidos son fáciles de hacer y solo hace falta tener una licuadora, es bueno beberlos al momento de hacerlos para que estén frescos y así evitar que se oxiden, además como contienen la fibra de los vegetales y las frutas, satisfacen y llenan más.

Los Batidos

"Oras para tener buena salud y un cuerpo que será fuerte en la vejez. Muy bien, pero tus ricas comidas bloquean la respuesta de los dioses y atan las manos de Júpiter".
Persius

Muchas personas confunden a los jugos con los batidos y aunque tengan los mismos ingredientes y beneficios nutricionales parecidos son dos cosas distintas. La mayor diferencia es que el batido contiene la pulpa de los vegetales y frutas que se usan para prepararlo, mientras que en el jugo esta se elimina y solo se consume el líquido.

El jugo requiere de muy poca digestión y sus nutrientes que están en una concentración mayor que en el batido, se absorben de inmediato, mientras que el batido debe ser digerido para extraer sus beneficios.

Otra diferencia es que un batido o smoothie, como se dice en inglés, se prepara de manera más fácil y sencilla, solo hay que poner los ingredientes en una licuadora y batirlos hasta que estén todos licuados para poderse beber y eso es todo, mientras que para hacer el jugo hay que ir poniendo los vegetales y las frutas uno a la vez en un extractor. (También se pudiera hacer con licuadora, licuando los ingredientes para luego colarlos en una bolsa de tela de gasa (Cheesecloth) o de las que se usan para colar las pinturas.) Es recomendable usar una buena licuadora ya que algunas hojas de vegetales necesitan cierta potencia para ser licuadas, por eso si crees que vas a incluir batidos verdes en tu alimentación piensa en invertir en una buena licuadora.

Los batidos no funcionan igual para el proceso de limpieza y desintoxicación del organismo como los jugos verdes. Sin embargo, como lo he dicho antes, si te estás alimentando con una dieta SAD, puedes recibir muchos beneficios si incorporas batidos en tu alimentación. Eso sí, ¡con poca fruta y más vegetales! Para quienes no gustan de comer vegetales es una forma fácil y deliciosa de hacerlo. Existen muchas formas de preparar un batido: con agua, jugos y leche. En realidad depende del gusto de cada quien. Sin embargo, yo prefiero los batidos verdes; es decir, una mezcla de vegetales de hojas verdes como la col rizada, berza o espinaca con un poco de frutas y sin ningún tipo de endulzante. Solo las frutas le dan el sabor dulce.

Por lo general uso arándanos, fresas, moras, frambuesa, manzanas, bananas, etc. y le agrego agua o un poco de jugo de frutas sin azúcar agregada.

Los batidos pueden llegar a ser una comida completa ya que contienen vitaminas, minerales, enzimas, fibra y proteína. También se les puede agregar grasas beneficiosas como el aguacate o el aceite de coco y los llamados súper alimentos, que son productos naturales densos en nutrientes, que se encuentran en una alta concentración. Sus propiedades antioxidantes ayudan a neutralizar los radicales libres a los que estamos expuestos en todo momento. Además, ayudan a prevenir enfermedades del corazón, cáncer, diabetes y problemas digestivos.

LOS SÚPER ALIMENTOS

ACAI
Contiene antocianinas y flavonoides, potentes antioxidantes que ayudan a defender el cuerpo de contra el estrés, el envejecimiento y las enfermedades, porque neutralizan los radicales libres. Además, protegen las células.

CAMU CAMU
Considerado como la mejor fuente de vitamina C del planeta, ayuda a la reconstrucción del tejido, purifica la sangre y mejora la inmunidad y la energía.

MAQUI
Un antioxidante con cualidades anti inflamatorias y anti microbianas que ayuda a perder peso y aumentar la energía.

MACA
Contiene proteína y aminoácidos, aumenta la energía, la resistencia, la fuerza y la libido.

CÁÑAMO

Contiene todos los aminoácidos esenciales y ácidos grasos para mantener la salud, proporciona proteína vegetal fácilmente digerible, aminoácidos, Omega3, hierro y vitamina E.

GOJI

Son bayas altas en antioxidantes, contienen aminoácidos, minerales, hierro vitaminas B y E, promueven el bienestar mental y la calma, la longevidad y la calidad del sueño.

ESPIRULINA

Considerada la fuente más alta del mundo de proteína vegetal completa, contiene minerales, fitonutrientes y enzimas.

CHÍA

Una excelente fuente de fibra, calcio, proteínas y ácidos grasos Omega3.

COCO

Su agua está llena de electrolitos, excelente para la hidratación, para la sangre y la piel; la pulpa es fuente de fibra y el aceite es beneficioso para la epidermis, el estómago, limpia el intestino y, contrario a lo que muchos creen, baja el colesterol.

SÁBILA

Actúa como antiinflamatorio y reconstituye los tejidos.

LINAZA

Alta en ácidos grasos Omega3, lignanos y fibra que ayudan con la salud digestiva, disminuyen el colesterol en sangre.

MIEL

Cruda, orgánica y sin filtrar es rica en minerales antioxidantes, probióticos y enzimas.

POLEN

El alimento más completo en la naturaleza. Contiene los 21 aminoácidos esenciales, vitamina B9 y proteínas.

SÉSAMO
Alto contenido de calcio.

CACAO
Crudo y sin azúcar es un súper antioxidante; es fuente de magnesio, hierro y tiene Anandamida, el químico de la felicidad. Fortalece los huesos y eleva el estado de ánimo.

RECETAS DE BATIDOS VERDES

MI FAVORITO

- 1 taza de bayas mixtas (arándanos, frambuesas, fresas, etc.)
- 1 banana
- 4 hojas de col rizada sin tallo
- 1/2 taza de jugo de arándanos sin azúcar
- 1 pedacito de raíz de jengibre
- 1 pedacito de raíz de cúrcuma
- 1 taza de agua

EL FAVORITO DE DANIELLA (mi hija)

- 2 hojas de col rizada sin los tallos
- 1 taza de fresas congeladas
- 1 banana
- 1 taza de agua de coco

DELICIOSO Y CREMOSO

- 1 aguacate
- 2 hojas de col lacinato
- 1 cucharada de semillas de cáñamo
- 1 banana
- 1 taza de agua de coco

TE QUIERO VERDE

- 1 taza de espinaca
- 2 hojas de berza sin tallos
- 1 manzana verde
- 1 pepino
- 2 tallos de apio (celery)
- 1 pedacito de raíz de jengibre
- 1 taza de agua

TODOS LOS ROJOS

- 1 taza remolacha cruda
- 1 taza de frambuesas
- 1 zanahoria
- 1 taza de patilla
- 3 hojas de berza sin tallos
- 1 pedacito de raíz de cúrcuma
- 1 taza de agua

CAPÍTULO 12

Ácido Vs. Alcalino

"La acción del cerebro, pensar, preocuparse, temperamento y todo tipo de emociones desfavorables dan lugar a la acidez. La acidez es el padre de la enfermedad. El ácido es la causa de generación de gases, hinchazón, la estupidez, apatía, memoria pobre y falta de concentración".

¡Así describía el Dr. Víctor G Rocine la acidez ocasionada por los alimentos en el cuerpo en el año 1930!

Ácido Vs. Alcalino

"Muy pocas personas saben lo que es la verdadera salud, ya que la mayoría están ocupados matándose lentamente".
Albert Szent-Gyorgyi

La dieta que se consume normalmente en los Estados Unidos y también en muchos otros países, llamada SAD (Standard American Diet en inglés), provoca que las personas tengan mucha acidez en su cuerpo. Esta forma de alimentación es alta en productos animales como carnes, huevos y lácteos además de productos procesados, harinas blancas, azúcar, sodas, alcohol, etc.

Todos los alimentos dejan una residuo alcalino o ácido en la sangre dependiendo de su contenido, pero su sabor no necesariamente quiere decir que van a actuar igual al consumirse, por ejemplo los limones verdes y amarillos a pesar de ser ácidos de sabor, tienen un efecto alcalinizador en el cuerpo, mientras que la carne y los productos lácteos producen residuos ácidos en la sangre cuando se consumen.

Los niveles de acidez o alcalinidad en el cuerpo pueden determinar el estado de salud de una persona y afectar su bienestar. El pH o Poder de Hidrógeno es lo que mide el grado de acidez de una sustancia, el organismo trata de mantener un balance saludable ligeramente más alcalino en su pH para mantenerse saludable, ya que la mayoría de las enfermedades ocurren cuando el organismo tiene demasiados residuos de tejido ácido, en este estado es cuando esta vulnerable a los gérmenes ya que en un ambiente balanceado no pueden sobrevivir.

La escala pH va desde la acidez total que es 0.0 hasta totalmente alcalino o 14.0. Nuestras células funcionan mejor cuando están ligeramente alcalinas. Un pH de 7.0 es neutral. Menos de esto es acidez y más de 7.0 es alcalino. Las células deben estar de 7.36 a 7.40.

Para mantener la salud, la dieta debe consistir en 60 por ciento en alimento alcalinizantes y 40 por ciento en alimentos que provocan acidez. Sin embargo, cuando se ha estado bajo una dieta SAD por muchos años y se quiere hacer un cambio, es recomendable aumentar los alimentos alcalinizantes a un 80 por ciento.

Según el Dr. Baroody en su libro "Alkalize or Die" (Alcaliniza o Muere) la contaminación ambiental, el agua que consumimos y los alimentos procesados acidifican el organismo así como también el estrés físico, emocional, mental y hasta espiritual pueden producir acidez en exceso. "En mi opinión, desechos ácidos literalmente ataca las coyunturas, los tejidos, músculos, órganos y glándulas causando de menores a mayores disfunciones. Si atacan las coyunturas, tú podrías desarrollar artritis. Si atacan los músculos, podrías terminar con miofibrosis (dolor de músculos.) Si atacan los órganos y glándulas una gran cantidad de enfermedades podrían ocurrir".[4] En un ambiente ácido el cuerpo no puede absorber los nutrientes y su capacidad para reparar las células dañadas disminuye así como tampoco puede desintoxicarse.

Robert O. Young en su libro "The pH miracle" escribe: "el cuerpo humano se convierte automáticamente en ácido al momento de su muerte".[5] Él establece que el nivel pH de los fluidos internos afecta cada célula del cuerpo. El proceso metabólico en su totalidad depende de un ambiente alcalino. La acidez crónica corroe el tejido del cuerpo y si no se controla interrumpe todas las actividades y funciones celulares, desde el latido del corazón hasta la actividad neuronal del cerebro. En otras palabras, la acidez interfiere con la vida misma. Es la raíz de todas las enfermedades.

Además, de acuerdo a su libro, la acidez en el cuerpo es un factor determinante en el sobrepeso y la dificultad para perderlo. El cuerpo crea células de grasa para movilizar a los ácidos lejos de los órganos vitales para tratar de protegerlo. ¡En cierto sentido la grasa está salvando tu vida! Pero por eso es que el cuerpo no quiere dejar ir a la grasa. Cuando comes para hacer a tu cuerpo más alcalino, el cuerpo ya no necesitará mantener más la grasa alrededor.

Una forma de alcalinizar el cuerpo es a través del consumo de vegetales y frutas cítricas. Los alimentos crudos son más alcalinizantes que los cocidos. Los jugos verdes son una forma directa de recibir todos los beneficios alcalinizantes en el organismo rápida y efectivamente.

La alcalinidad es una medida indirecta que indica que hay una

[4] "Alkalize or Die", Dr. Theodore A. Baroody, Jr. © 1991 by Dr. Theodore A. Baroody, Jr., M.A., D.C (Waynesville, NC, Eclectic Press) pág 20. [5] "The pH Miracle", Robert O. Young, Ph.D, and Shelley Redford Young © 2002 by Robert Young, PhD (New York, NY, Warner Books, INC) pág 23.

buena cantidad de antioxidantes en el cuerpo. Cuando la saliva está ácida, esto indica un estado que fomenta la enfermedad. Cuando se encuentra alcalina, las enfermedades se revierten.

Según un estudio reciente no hay evidencia sustancial de que esto mejora la salud ósea o protege de la osteoporosis. **Sin embargo, las dietas alcalinas pueden resultar en un número de beneficios para la salud como se describe a continuación:**

> - El aumento de frutas y verduras en una dieta alcalina mejorarían la relación K/Na (Potasio/Sodio) y pueden beneficiar la salud ósea, reducir la pérdida de masa muscular, así como mitigar otras enfermedades crónicas como la hipertensión y los accidentes cerebro vasculares.
>
> - El consiguiente aumento de la hormona de crecimiento con una dieta alcalina puede mejorar muchos de los resultados desde la salud cardiovascular hasta la memoria y la cognición.
>
> - Un aumento en el magnesio intracelular, que se requiere para la función de muchos sistemas de enzimas, es otro beneficio añadido de la dieta alcalina. La disponibilidad de magnesio que se requiere para activar la vitamina D, daría lugar a numerosos beneficios adicionales en los sistemas apocrinas/exocrinas de la vitamina D.
>
> - La alcalinidad puede resultar en un beneficio añadido para algunos agentes quimioterapéuticos que requieren un pH más alto.
>
> De la evidencia que se ha señalado, sería prudente considerar una dieta alcalina para reducir la morbilidad y mortalidad de las enfermedades crónicas que están plagando nuestra población que envejece. Una de las primeras consideraciones en una dieta alcalina, que incluye más frutas y vegetales, es saber qué tipo de suelo que se cultivaron ya que esto puede influir significativamente en el contenido de minerales.[6]

[6] J Environ Public Health. 2012; 2012: 727630. Published online 2011 October 12. doi: 10.1155/2012/727630 - PMCID: PMC3195546 - "The Alkaline Diet: Is There Evidence That an Alkaline pH Diet Benefits Health?" Gerry K. Schwalfenberg

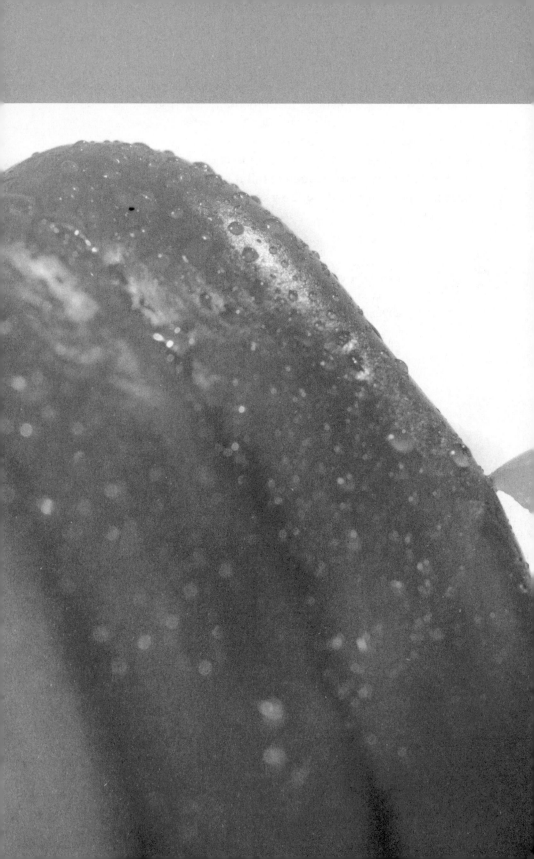

CAPÍTULO 13

¿Orgánico o No?

Los alimentos orgánicos son aquellos que se cultivan de forma natural sin utilizar pesticidas, fungicidas o fertilizantes químicos, ni compuestos sintéticos.

¿Orgánico o No?

"Un poco de hambre realmente puede hacer más por el hombre enfermo promedio que lo que pueden las mejores medicinas y los mejores médicos".
Mark Twain

La mejor recomendación para los jugos verdes es utilizar vegetales y frutas orgánicas, porque no están llenas de pesticidas, fungicidas y fertilizantes entre otras cosas, pero no solo son más costosas pero también difíciles de conseguir en algunas partes. En realidad los más puristas insisten en que si no es con productos orgánicos lo mejor no hacer los jugos, y en realidad si la idea es desintoxicarnos no tiene sentido hacerlo con esos elementos tóxicos para nuestro organismo. Pero hay que ser realistas y entender que hay casos en que las excepciones son aceptables, además pienso que si alguien que nunca se ha interesado por los vegetales o frutas de pronto quiere cambiar de estilo de vida puede comenzar con los productos convencionales y de ahí vera como su propio cuerpo le pedirá mejorar la calidad de sus alimentos.

Yo te recomiendo que al menos para el Detox hagas un esfuerzo y compres todo orgánico, pero si es imposible, **lava todo cuidadosamente.**

Hay varias formas de hacerlo:

1. Con Sal de Higuera

Se llena el lavaplatos con agua fría y se pone una taza de Sal de Higueras (Epsom Salts). Se remoja todos los vegetales y las frutas por 15 minutos.

2. Con Limón y Bicarbonato de Sodio

Se llena el lavaplatos con agua fría y se le agrega el jugo de un limón y 2 cucharadas de bicarbonato de sodio, se dejan remojando los vegetales y las frutas por 10 minutos.

3. Con Vinagre y Sal

En el lavaplatos lleno de agua fría se pone 1/4 de taza de vinagre blanco y 2 cucharadas de sal. Se dejan los vegetales y las frutas remojar por 10 minutos.

También se pueden lavar con cuidado con un cepillo de cerdas naturales y es muy importante pelar los pepinos, las berenjenas, las papas y las manzanas convencionales para eliminar la capa de cera que le ponen para que duren más tiempo y así quitarles de alguna manera parte de los pesticidas utilizados.

Siempre busca las ventas de los agricultores locales o "farmers markets" ya que es muy posible que ellos utilicen menos pesticidas que las grandes compañías.

Es importante que sepas cuales son los vegetales y las frutas que contienen la mayor cantidad de residuos de pesticidas para evitarlos. Quizás ya has oído hablar de los Dirty Dozen es una lista que la organización llamada The Enviromental Working Group da a conocer cada año, puedes buscarla aquí: **www.ewg.org**

CAPÍTULO 14

Más Colores
que el Arcoíris

Asegúrate de que tu plato a la hora de comer sea colorido, el color en los alimentos demuestran sus propiedades antioxidantes lo que beneficiara tu salud en cada bocado.

Más Colores que el Arcoíris

"La comida que comes puede ser o la más segura y potente forma de medicina o la más lenta forma de veneno".
Ann Wigmore

Los responsables de darle color a las frutas y vegetales son unos compuestos llamados fisicoquímicos, sustancias con grandes beneficios para la salud, conocidos como antioxidantes, flavonoides, isoflavones, carotenoides, sulfuros de alilo y polifenoles. Según el centro de control de enfermedades de los Estados Unidos, CDC, consumir estos nutrientes fortalece el sistema inmunológico y disminuye el riesgo de cierto tipo de cáncer, la diabetes tipo 2, el derrame cerebral, la presión arterial y la enfermedad cardiovascular. He aquí una guía de los beneficios de cada color que encuentras en los maravillosos productos de la naturaleza.

ROJO

Los vegetales y frutas de este color como el tomate, la sandia, las frambuesas, las uvas, los pimientos, y las remolachas entre otros reciben su color de poderosos antioxidantes como el licopeno y las antocianinas. Contienen nutrientes como el ácido elágico, la quercetina y la hesperidina que reducen el riesgo de cáncer de la próstata, el crecimiento tumoral, bajan la presión sanguínea y los niveles de colesterol llamado malo o HDL.

Además eliminan los peligrosos radicales libres y ayudan a las coyunturas en los casos de artritis.

VERDE

El color verde en las frutas y vegetales como la lechuga, espinaca, col rizada, melones, brócoli, apio y aguacates contienen clorofila, fibra, luteína, zeaxantina, calcio, folate y betacarotenos. Estos nutrientes se relacionan con la reducción del riesgo de algunos tipos de cáncer, la disminución de los niveles del colesterol y la presión arterial. Igualmente fortalecen huesos y dientes. Las hojas verdes tienen un alto contenido de hierro, ácido fólico y vitamina C que fortalecen el sistema inmunológico.

PURPURA y AZUL

Los alimentos de color purpura y azul como el repollo morado, los arándanos, las moras, las berenjenas, las ciruelas y las uvas pasas contienen luteína, resveratrol, vitamina C, quercetina y flavonoides que reducen el riesgo de cáncer, la inflamación, los accidentes cerebro vasculares, las enfermedades del corazón y mejoran la memoria.

BLANCO

Las bananas, coliflor, ajo, papas, cebollas y el jengibre entre otros, contienen nutrientes como el beta glucano, antoxantinas y lignanos que activan células que pueden prevenir el cáncer del colon, seno y próstata. Por si fuera poco ayudan con el balance hormonal, regulan la presión sanguínea, reducen el colesterol y previenen la diabetes.

AMARILLO y ANARANJADO

Los vegetales y frutas con colores amarillos y anaranjado como la naranja, pimiento, zanahorias y calabacines, están cargados de carotenoides, flavonoides y bioflavonoides que fortalecen el sistema inmunológico, disminuyen el envejecimiento, previenen enfermedades del corazón, protegen contra el cáncer, mejoran la visión, son antiinflamatorios, antihistamínicos y antioxidantes.

CAPÍTULO 15

Alimentos para Conservar la Juventud

NUESTRAS CÉLULAS VIVEN Y MUEREN CADA MINUTO

Cada minuto un adulto pierde 96 millones de células y en ese mismo minuto aproximadamente 96 millones de células se dividen y las sustituyen.

El tiempo de vida de una célula varía.

Las células blancas de la sangre viven unos trece días, las de la piel alrededor de 30, los glóbulos rojos viven cerca de 120 días, los intestinos se reemplazan cada 2 o 3 días, las uñas entre 6 a 10 meses y las células del hígado cerca de 18 meses.

Alimentos para Conservar la Juventud

"El ayuno es, sin ninguna duda, el método biológico más eficaz de tratamiento... es la operación sin cirugía".
Dr. Otto Buchinger, Sr.

La sociedad en que vivimos está obsesionada con la belleza y la juventud. Cremas, tratamientos cosméticos, lásers y cirugías están a la orden del día para contrarrestar el paso del tiempo. Sin embargo, estos productos y procedimientos no pueden ofrecer la juventud y frescura de la piel que se obtiene de adentro hacia afuera. Lo que comemos y bebemos afectan positiva o negativamente nuestra piel. La falta de agua y alimentos ricos en agua producen deshidratación que se refleja en la calidad de la piel, las arrugas y juventud.

La desintoxicación juega un papel muy importante en la apariencia y salud de la piel. Comer alimentos frescos, alcalinizantes e hidratantes puede ayudar a combatir la vejez prematura y a alargar la juventud por mucho tiempo.

La mayoría de los alimentos antiarrugas son ricos en antioxidantes, que neutralizan los efectos de los radicales libres los cuales atacan el colágeno de la piel y el tejido elástico haciendo que pierda su firmeza, creando arrugas y líneas de expresión, además de robarle a la piel su lozanía.

A continuación, está una lista de varios alimentos que si se consumen con frecuencia pueden ayudar a mantener la juventud y belleza:

ARÁNDANOS

Los arándanos azules o blueberries cargados de fotoquímicas como las antocianinas, antioxidantes que detienen el envejecimiento prematuro, combaten la inflamación y el daño oxidativo.

PEPINO

Consumir la cáscara del pepino ayuda a reducir las arrugas y a aumentar la producción de colágeno, gracias a la sílica que contiene, pero lo mejor es que sea orgánico para que no tenga la capa de cera que le ponen para preservarlos.

CÁÑAMO

Los ácidos grasos Omega3 en las semillas de cáñamo ayudan a la piel a retener la humedad.

SEA BUCKTHORN

El Sea buckthorn o espino amarillo promueve la recuperación del tejido y la cicatrización, rejuvenece la piel dañada por el sol, protege contra los contaminantes ambientales, aumenta la producción de colágeno y reduce la apariencia de líneas finas y arrugas.

NONI

El jugo de Noni puro es rico en antioxidantes y polifenoles, tiene propiedades anti inflamatorias, combate la formación de arrugas y ayuda con la producción de colágeno.

ACAI

El contenido de antioxidantes del Acai ayuda a revitalizar y renovar la piel y a reducir la cantidad de líneas de expresión y arrugas.

GROSELLAS NEGRAS

Las grosellas negras contienen ácidos grasos esenciales, incluyendo el ácido linoleico que ayuda a regenerar la piel y el ácido gamma linoleico que ayuda a reducir la inflamación ayudando a prevenir las arrugas.

CHLORELLA

La Chlorella es considerado el alimento número uno contra el envejecimiento porque no solo ayuda a mantener la piel joven y sin arrugas, sino que también le permite vivir más tiempo.

ZANAHORIAS

Este vegetal es rico en Vitamina A que es esencial para mantener un cabello sano y brillante.

PIMENTONES

Repletos de antioxidantes, aumentan el sistema inmune y protegen contra el daño solar.

PAPAS DULCES

Contienen vitamina A, C y E que ayudan con la complexión y sus agentes antioxidantes y antiinflamatorios protegen contra el envejecimiento prematuro.

CHOCOLATE OSCURO

Ayuda a proteger la piel contra los efectos dañinos de los rayos UV. Su contenido de antioxidantes flavonoles reduce la inflamación y ayudan a aumentar la circulación de la piel.

AGUACATE

Son una gran fuente de vitamina E y potasio, así como las grasas monoinsaturadas y antioxidantes. Las vitaminas y los minerales en los aguacates se han demostrado para reducir el colesterol y mejorar la salud de la piel.

CAPÍTULO 16

Jugos y Condiciones

Sócrates, Platón, Abraham, Moisés, Jesús, Siddhartha Gautama, Mahoma, Confucio, Mahatma Gandhi, Hipócrates, Galeno, Paracelso, Lao Tzu y muchos otros han practicado y recomendado el ayuno a través de la historia, ya sea por razones espirituales o para preservar la salud.

Jugos y Condiciones

"Si comemos mal, ningún médico puede curarnos; si comemos correctamente, no se necesita ningún médico".
Víctor G. Rocine

 lgunos jugos pueden ayudar con condiciones específicas de salud y existen muchas recetas que se pasan de mano en mano para remediar desde un resfriado hasta el cáncer, he aquí algunas de las combinaciones más conocidas y los problemas de salud que muchos aseguran logran remediar.

RESFRIADO

- Zanahoria
- Limón amarillo Rábano
- Jengibre
- Ajo

ALTA PRESIÓN SANGUÍNEA

- Zanahoria
- Perejil
- Apio

ESTRÉS

- Zanahoria
- Apio
- Col rizada Perejil
- Brócoli
- Tomate

ECZEMA

- Zanahoria
- Apio
- Limón amarillo

DEPRESIÓN

- Acelga
- Perejil
- Manzanas

COLESTEROL ALTO

- Zanahoria
- Perejil
- Espinaca
- Ajo

ARTRITIS

- Apio
- Perejil

CÁLCULOS BILIARES

- Limón incluyendo la parte blanca

INSOMNIO

- Lechuga
- Apio

LIMPIEZA DE HÍGADO

- Zanahorias
- Manzanas
- Remolacha
- Perejil

SOBREPESO Y OBESIDAD

- La parte verde de la remolacha
- Perejil
- Apio

PARA PROTEGER LOS OVARIOS

- 3 zanahorias
- 1 manzana verde
- 5 hojas de col rizada
- 1/4 de paquete de cilantro
- 3 hojas de berza
- 1/2 pulgada de raíz de jengibre
- 1/2 Medio limón amarillo pelado

PARA LOS DIENTES

- La parte verde de la remolacha
- Perejil
- Apio
- Col rizada

CAPÍTULO 17

La Importancia de Estirarse, Respirar, Saltar y Sudar

La mayoría de los ejercicios estimulan los sistemas de eliminación del cuerpo. Estirarse estimula el flujo de la linfa, el sistema inmunológico y las defensas. El sistema linfático recoge el fluido intracelular de todo el cuerpo y lo lleva a los ganglios linfáticos donde se eliminan bacterias y elementos perjudiciales.

La Importancia de Estirarse, Respirar, Saltar y Sudar

"La mejor de todas las medicinas está en descansar y ayunar".
Benjamín Franklin

Durante el detox es necesario aparte de tomar los jugos, el agua y los tés, hacer otras cosas que ayuden a que la depuración sea más completa. El movimiento físico es esencial para movilizar las toxinas y precipitar su salida del organismo. Comenzando con el estiramiento que se realiza inclusive antes de salir de la casa.

ESTIRARSE

Estirarse mejora la circulación y saca las toxinas del cuerpo. Durante el ayuno es importante practicar ejercicios de estiramiento ya sea a través de poses de yoga o simplemente estirar los brazos, las piernas y la espalda de forma sencilla y natural. Los beneficios de hacerlo son muchos. En primer lugar ayuda a calmar la ansiedad que el no comer por varias horas puede provocar. Además ayuda con el proceso de desintoxicación ya que estimula el paso de la linfa, líquido que recorre todo el cuerpo llevando impurezas a su paso.

Hacerlo por la mañana ofrece relajación mental y física, elimina la rigidez del cuerpo y desbloquea las articulaciones que pudieron estar tensas durante la noche.

También:

- ayuda al sistema circulatorio a entregar mejor los nutrientes al tejido muscular.
- reduce la tensión muscular,
- proporciona un mayor rango de movimiento,

- mejora la coordinación,
- aumenta la circulación de la sangre,
- aumenta los niveles de energía,
- reduce la tensión muscular,
- otorga mayor rango de movimiento a las articulaciones,
- mejora la coordinación,
- aumenta la circulación de la sangre a diversas partes del cuerpo,
- aumenta los niveles de energía,
- acelera la producción de endorfinas, un químico del cerebro que reduce la sensación de dolor y provocan un sentido de bienestar positivo, y
- se segregan otras hormonas que actúan como mensajeros químicos para ayudar a controlar la insulina y el metabolismo.

Durante el ayuno te puedes estirar cuantas veces quieras o lo consideres necesario para ayudar con el proceso de depuración, calmar la ansiedad y aumentar el bienestar.

RESPIRAR

Al igual que el estiramiento, respirar conscientemente ayuda a calmar la ansiedad y con el proceso de limpieza del organismo. Por eso es importante que respires varias veces al día. Hacerlo profundo y lentamente es clave para oxigenar los pulmones, la sangre y el cerebro. También ayuda a sacar el dióxido de carbono de los pulmones.

Dentro de la tradición del Kundalini Yoga se realiza este tipo de respiración llamada Larga y Profunda. Para hacerla siéntate en el suelo con la espalda recta, o en una silla; luego inhala de forma lenta por la nariz hasta llenar la parte baja de los pulmones, expandiendo el diafragma y el abdomen dejando que este aumente de tamaño a medida que se llena de aire. Luego se exhala también por la nariz lentamente, hasta sacar todo el aire de los pulmones apretando los músculos del abdomen para ayudarlo a salir hasta que los pulmones queden vacíos. Esta respiración calma la mente y ayuda a balancear las emociones y a controlar el hambre.

Otro ejercicio que se puede realizar durante el ayuno es el Aliento de Fuego de la misma tradición de Kundalini Yoga, esta respiración ayuda a purificar el flujo sanguíneo, energiza y despierta. Es bueno hacerlo cuando se necesita aumentar la vitalidad.

Para hacerlo siéntate ya sea en posición de loto con las piernas cruzadas al frente o en un silla, siempre con la espalda derecha, o también la puedes hacer acostado en el suelo sobre la espalda, se entrelazan los dedos sobre las piernas y se comienza a inhalar y exhalar por la nariz de forma rápida y continua. El secreto está en enfocarse más en la exhalación empujando el abdomen hacia adentro ya que la inhalación sucede de forma natural inmediatamente. Eso si ve poco a poco con ambas respiraciones para prevenir híper ventilación al llevar tanto oxígeno al cerebro.

SALTAR

Saltar en un trampolín es una forma excelente de acelerar la desintoxicación. Cuando se salta se altera dramáticamente la gravedad en el cuerpo, aumentándola y disminuyéndola con cada salto. El sistema linfático se encarga de sacar las toxinas y desechos de cada célula y llevarle nutrientes para su funcionamiento. Produce las células del sistema inmunológico que circulan por el cuerpo en el fluido linfático, funciona como un sistema de transporte y filtro, y elimina las bacterias, microorganismos y células muertas. Pero a diferencia del sistema circulatorio que usa al corazón como bomba para la circulación de la sangre el sistema linfático depende del movimiento del cuerpo para fluir a través de los canales linfáticos.

Pero el fluido linfático puede espesarse y llenarse de toxinas si no se toma suficiente líquido o se hace ejercicios. Se estima que un 90 por ciento de de las enfermedades están relacionadas con el mal funcionamiento linfático. Síntomas como alergias, inflamación, enfermedades del corazón, lupus, esclerosis múltiple, obesidad, alta presión sanguínea y problemas de la piel entre otros son relacionados con un sistema linfático congestionado. Por eso, utilizar un mini trampolín para rebotar estimula la circulación de la linfa ayudando en el proceso de desintoxicación, limpiando las células y alimentándolas.

Ayuda en la eliminación de sustancias que causan cáncer, virus infecciosos, metales pesados, bacterias patógenas, las células muertas y otros patógenos indeseables que de otro modo permanecer latente en nuestros sistemas. El resultado final es una persona más sana con un sistema inmune más eficaz.

Con cada rebote hacia arriba contra la fuerza de gravedad hacia abajo se cierran millones de las válvulas de una vía que regulan el flujo de líquido linfático. Al bajar se libera la presión en estas válvulas. Si decides comprar un mini trampolín asegurare que sea de buena calidad ya que algunos pueden funcionar mal y podría ocasionarte una caída aparatosa y peligrosa.

Solo necesitas saltar unos pocos minutos al día. Comienza con 5 y si quieres puedes ir aumentando el tiempo, pero no es necesario hacerlo por mucho tiempo o saltar alto para obtener estos beneficios, tan solo con rebotar sin despegar los pies de la malla es suficiente. Sigue las instrucciones del producto para evitar accidentes y recibir el máximo de beneficio.

SUDAR

A través de la piel el cuerpo elimina toxinas y durante el detox sudar puede acelerar el proceso de limpieza, esto lo puedes lograr haciendo ejercicios de forma moderada pero que provoquen sudor como caminar, trotar o montar bicicleta. También ir a la sauna por unos minutos o sumergirse en un baño de agua caliente con sal de higuera y bicarbonato de sodio produce sudor que permite que las toxinas salgan del cuerpo.

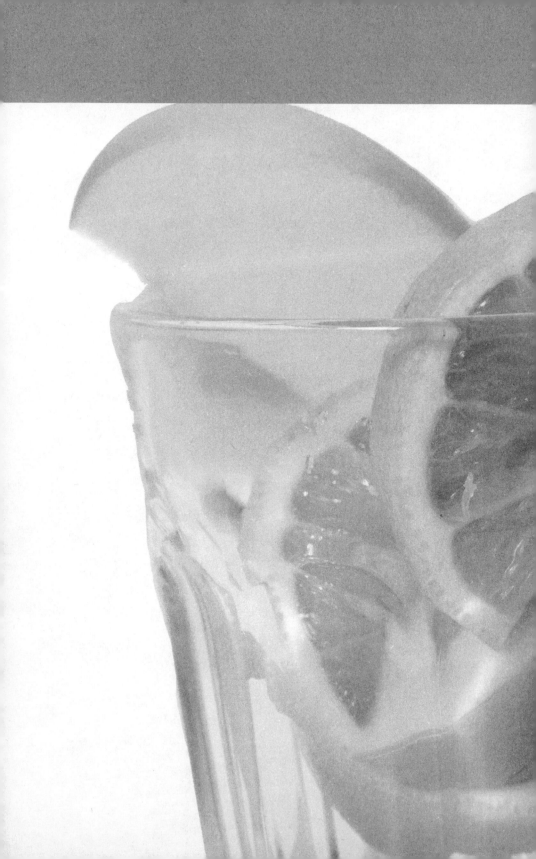

CAPÍTULO 18

Más Recetas de Jugos y Batidos

No deseches las hojas verdes que algunas veces vienen en los topes de las zanahorias, remolachas y rábanos ya que son ricos en los mismos nutrientes que el vegetal, ¡pónlos en el extractor y a sacarles el jugo!

Más Recetas de Jugos y Batidos

"El ayuno es el remedio más grande, el médico interno".
Filipo Paracelso

L as combinaciones para hacer los jugos son tantas como la imaginación y el gusto de cada quien, lo importante es la experimentación hasta llegar al punto preferido. La mayoría de las personas gustan de jugos dulces a pesar de ser de vegetales, sin embargo tienes que recordar que azúcar es azúcar y que es mejor acostumbrar al paladar a saborear todos los diferentes sabores y no saturarte con lo dulce. Con el tiempo te darás cuenta que estás saboreando todos y cada uno de los maravillosos vegetales y frutas que pones en tu jugo. Las combinaciones son muchas, he aquí algunas ideas.

MÁS RECETAS DE JUGOS VERDES

PEREJIL

- 4 hojas de col rizada
- 1/2 paquete de perejil
- 6 tallos de apio
- 1 manzana verde mediana
- 1/2 pulgada de raíz de jengibre

COL LACINATA

- 6 tallos de apio
- 5 hojas de col negra
- 1 pepino
- 1/2 limón sin piel
- 2 manzanas verdes medianas

DIENTE DE LEÓN

- 1/2 paquete de Diente de león
- 1/2 paquete de espinacas
- 1 pepino
- 1 manzana verde
- 1 toronja sin piel

REMOLACHA

- 1 remolacha
- 4 zanahorias
- 1/2 paquete de espinacas
- 1 manzana Gala
- 4 tallos de apio
- 1/4 de limón amarillo sin piel

TOMATE

- 1 tomate
- 1/2 pimentón
- 1/2 paquete de espinaca
- 1 pepino
- 6 tallos de apio

REPOLLO ROJO

- 1/2 repollo rojo
- 6 tallos de pio
- 1 pepino
- 6 hojas de col rizada
- 1 kiwi
- 1/2 pulgada de jengibre

MÁS RECETAS DE BATIDOS

TROPICAL

- 1 taza de mango
- 2 tazas de lechuga *green leaf*
- 1/3 paquete de cilantro
- 1 limón verde pelado
- 1 cucharadas de semillas de cáñamo o de Chía
- 1 taza de agua

PARA CONTROLAR LOS ANTOJOS DE AZÚCAR

- 1 taza de arándanos azules *(blueberries)* congelados
- 1/2 taza de espinaca
- 2 tazas de agua de coco
- 1 cucharada de semillas de Chía
- 1 cucharada de polen de abeja
- 1 cucharada de polvo de semilla de cáñamo
- 1 cucharada de cacao
- Hielo

BATIDO ANTIOXIDANTE

- 2 tazas de bayas congeladas mixtas
- 1 taza de jugo de granada sin azúcar
- 1 banana
- 1 taza de agua

BATIDO VERDE

- 2 tazas de espinaca
- 1 taza de mango
- 1 taza de piña
- 1 banana
- 1 taza de agua

BATIDO DE AGUACATE

- 2 tazas de espinacas
- 1 taza de agua de coco
- 1 aguacate
- 2 kiwis pelados
- 1 pulgada de jengibre

BATIDO PARA EL HÍGADO

- 2 tazas de col rizada y diente de león
- 2 tazas de fresas
- 2 kiwis pelados
- 1 banana
- 1 limón amarillo

CAPÍTULO 19

Recetas del Pre-Detox

STEVIA

Es un endulzante natural proveniente de una planta originaria del Paraguay, sus hojas son 30 veces más dulces que el azúcar y no contiene calorías, pero sí vitaminas y minerales.

Recetas del Pre-Detox

"El ayuno es, sin ninguna duda, el método biológico más eficaz de tratamiento... es la operación sin cirugía".
Dr. Otto Buchinger, Sr.

E stas son algunas ideas para realizar un menú pre detox, que puede ser utilizado cada vez que te hayas salido de tu rutina y hayas abusado con alimentos tóxicos. Puedes agregar o quitar platos y alimentos según tu gusto y como siempre te invito a experimentar con las cantidades de ingredientes.

Lo importante es que comas lo más limpio, sano y fresco posible y que tomes muchos líquidos, que incluyan agua, tés y jugos de vegetales. Comienza siempre el día con un vaso de agua a temperatura ambiente y el jugo de un limón o menos dependiendo de tu gusto.

DESAYUNO

Jugo Verde

- 3 hojas de col rizada
- 1 pepino
- 2 tallos de apio
- 1/2 limón amarillo sin piel

Ensalada de Frutas

- Melón
- Bananas
- Sandía
- Naranjas

Semillas y Nueces (Receta de Marcela Tobal Benson)

- 1 cucharada de coco mana
- 1 cucharada de polen seco
- 1 cucharada de linaza molida
- 1 cucharada de aceite de coco
- 1/4 de cucharadita de canela
- 2 cucharadas de semillas de calabaza
- 1 cucharada de semillas de ajonjolí

Mezclar todos los ingredientes, se le puede agregar miel al gusto.

Más Opciones

- Cereal de granos germinados con leche de almendras y media banana
- Avena con agua o leche de almendras
- Una taza de kéfir
- Una barra de granola orgánica y baja en azúcar

ALMUERZO

Ensalada Verde

* Lechuga romana
* Pepino
* Apio
* Tomates
* Zanahoria rallada
* Aceite de oliva
* Vinagre de sidra de manzana
* Semillas de girasol, de calabaza y de cáñamo
* Una hoja de alga nori cortada en pedazos

Ensalada de Quínoa

* 1 taza de quínoa
* 2 tazas de agua
* 1 taza de pimiento rojo cortado en cubitos
* 1 taza de pepino cortado en cubitos
* 1/2 taza de granos de maíz
* 1 tomates cortado en cubitos
* 1/2 taza de cebolla roja cortada en cuadritos finitos
* 1 taza de aguacate cortado en cubitos
* 4 cucharadas de limón sal y pimienta
* 1/4 taza de aceite de oliva
* cilantro al gusto

La quinoa se prepara como el arroz. Se lava en un colador fino, se pone en una olla con el agua y se lleva a un hervor luego se baja a fuego lento y se deja cocinar por 15 minutos o hasta que esté blanda. Se deja enfriar y luego todos los demás ingredientes se mezclan.

Vegetales Cocidos

- Brócoli al vapor con aceite de oliva sal y pimienta.
- Vainitas al vapor con aceite de oliva sal y pimienta.
- Una papa horneada condimentada con cilantro y aceite de oliva.

Sopa de Vegetales

- 4 tazas de agua
- 1 cebolla
- 4 dientes de ajo
- 2 zanahoria
- 3 tallos de apio con hojas
- 2 papas
- 1/2 paquete de cilantro
- 1/2 taza de pimentón
- 1 cucharadita de cubito vegetal vegano

La sopa de vegetales se prepara poniendo todos los ingredientes en una olla, se lleva a un hervor y se deja cocinar a fuego lento por 25 minutos o hasta que los vegetales estén blandos. Se corrige el sabor agregando más sal o condimentos.

Arroz Basmati

- 1 taza de arroz basmati
- 1 3/4 tazas de agua
- sal al gusto

Se lava el arroz para sacarle el almidón cambiar el agua y se deja remojar al menos 20 minutos, luego se enjuaga y se pone la taza y 3/4 de agua, se agrega la sal y se lleva a un hervor. Luego se pone a fuego lento, se cubre y se cocina por otros 15 o 10 minutos más. Sáquelo del fuego y déjelo por 5 minutos y muévalo suavemente con un tenedor.

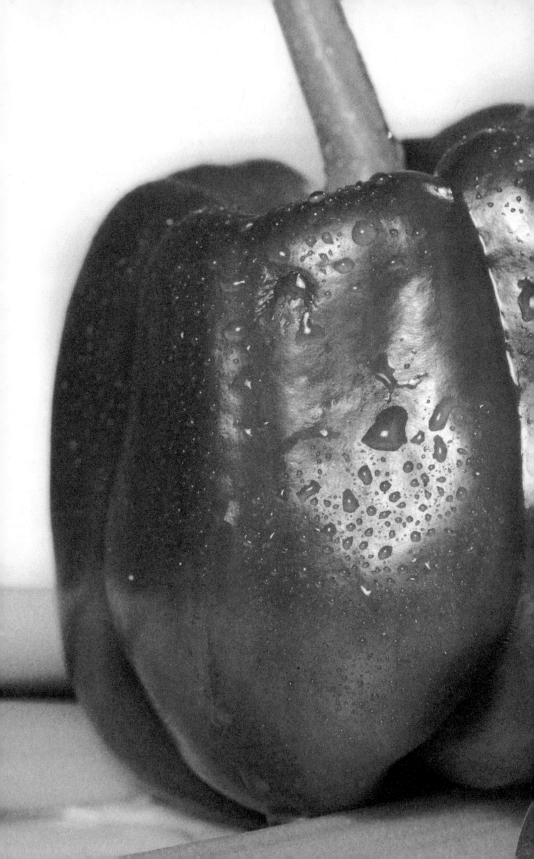

Lentejas

- 1/2 paquete de lentejas (se remojan)
- 1 cucharadita de aceite de oliva
- 1/2 cucharadita de comino
- 1 1/2 taza de agua
- 1 cucharadita de sal
- 1/2 taza de cebolla
- 1/2 taza de zanahoria picadita en cuadritos
- 1/2 taza de apio cortado en cubitos

Se ponen en el agua con la sal, se les agrega, la cebolla, la zanahoria y el apio, se cocinan hasta un hervor y luego se ponen a fuego lento hasta que todo ablande.

Frijoles Mung Curry

Se consiguen donde vende comida de la India, son fáciles de preparar y nutritivos.

- 2 tazas de frijoles mung
- 1 cucharadita de aceite de oliva
- 1/2 cucharadita de comino
- 1/2 cucharadita de cúrcuma
- 1/2 taza de agua
- 1 cucharadita de jengibre fresco molido
- 1 taza de tomate picaditos

Se enjuagan los frijoles mung y se cocinan hasta que se suavicen pero que permanezcan firmes. Se calienta el aceite en un sartén y agrega las especias, luego el agua y se cocina todo cubierto por 10 minutos. Se agrega el jengibre y el tomate, luego los frijoles sin el agua. Cocina todo a fuego lento por media hora al menos.

CENA

Hongos Portobello con cebolla, ajo y pimentón

Cortar los hongos, el pimentón y la cebolla a lo largo. Sofreír en aceite de oliva la cebolla, el pimentón y el ajo, agregar el hongo y sazonar con sal y pimienta.

Vegetales Stir Fry

- Brócoli
- Zanahoria
- Cebolla
- Apio
- Pimentón rojo o verde
- Aceite de semillas de uva
- Granos germinados (frijolitos chinos)
- Sal celtica
- Salsa de Soya

En un wok o una sartén, se pone un poco de aceite de semillas de uva o Grape seed oil, se ponen la zanahoria, el tallo del brócoli, el apio, la cebolla y el pimentón y se cocinan hasta que queden al dente. Se agregan las flores del brócoli y los frijolitos chinos. Se agrega la sal y la salsa de soya.

Ensalada Verde con Aguacate

- Col rizada masajeada con aceite de oliva
- Pepino, Tomate y aguacate en cuadritos
- Cilantro picadito
- Aceite de oliva
- Limón
- Sal

Humus

- 1/2 paquete de garbanzos
- 4 tazas de agua
- 1/4 de taza de aceite de oliva
- 2 dientes de ajo pelado
- 1 cucharadita de sal
- Pimienta al gusto

Lo mejor es hacerlo con garbanzos germinados, sino es posible lo mejor es ponerlos a remojar la noche anterior. Al día siguiente se enjuagan y se cocinan en agua con sal y una vez suaves se ponen en una licuadora o procesador de alimentos con el aceite de oliva, la sal, pimienta y el ajo hasta formar una crema. Se guarda en la nevera hasta enfriar y se come con pedazos de pimentón, celery o pan de pita.

Crema de Brócoli, Auyama y Espinaca.

Se prepara una sopa con cualquiera de estos vegetales, cebolla, ajo, apio y cilantro. Una vez cocida se pasa por la licuadora con poco caldo hasta que quede cremosa.

Sopa de Miso

Se puede comprar la pasta de miso y poner de 1 a 2 cucharadas en agua caliente hasta derretir, se le puede agregar algas marinas y pedacitos de tofu.

Jugo Verde

Ver las recetas del Detox.

Espagueti de Calabacín

Se necesita un aparato llamado Spiralizer que corta el calabacín o zucchini como espagueti. El calabacín debe estar fresco y firme para que salga bien cortado.

- 3 calabacines frescos y firmes
- 2 cucharadas de semillas de cáñamo
- 1 cucharada de levadura nutricional

Salsa
- 3 aguacates pequeños
- 3 dientes de ajo o al gusto
- 1 cucharadita de Sal Celtica
- 4 hojas de albahaca fresca
- Jugo de medio limón
- 4 cucharadas de aceite de oliva

Pasar los calabacines lavados y secos por el Spiralizer. Se licuan los ingredientes de la salsa o se ponen en un procesador hasta que tengan consistencia cremosa. Se coloca el calabacín en forma de espagueti en un plato, se le echa la salsa encima y se espolvorea con semillas de cáñamo (hemp seed) y levadura nutricional (nutritional yeast). Es un plato crudo, vegano y vegetariano.

POSTRE

Pudding con Semillas de Chía

- **2 cucharadas de semillas de chía**
- **1/2 taza de leche de coco**
- **1/8 cucharadita de extracto de vainilla**
- **Stevia al gusto o 1 cucharada de miel**

Se mezclan los ingredientes muy bien y se ponen en la nevera por media hora. Se sacan y se les mezcla de nuevo para que no se peguen. Se vuelve a poner en la nevera y a la media hora se repite el proceso. Se pone a la nevera por media hora más. A la hora de comer se le puede agregar pedacitos de fruta.

CAPÍTULO 20

Después del "Detox", ¿qué?

AGUA

Necesitamos tomar agua para mantenernos
hidratados y ayudar al cuerpo a deshacerse
de las toxinas. Ademas de los 8 vasos de agua
recomendados, es bueno consumir alimentos altos
en H_2O como el pepino, lechuga, apio, tomates,
sandia, melones y toronjas.
¡Y no olvidar consumir las semillas de Chia!

Después del "Detox", ¿qué?

*"Mantener el cuerpo con buena salud es un deber,
de lo contrario no seremos capaces de mantener
nuestra mente fuerte y clara".*
Buda

¡Por fin el gran día llegó! No ha sido fácil, pero cuando se completa el ayuno la sensación puede variar dependiendo de cada persona. Algunos se sienten tan bien que deciden agregar otro día y continuar disfrutando de los bene-fi-cios de la desintoxicación, mientras que otros están desesperados deseando volver a comer sólidos, ¡darle un mordisco a cualquier bocadillo sin importar lo que sea! Sin embargo este es un momento crucial para todos, ya que es la oportunidad de realizar un cambio verdadero de estilo de vida que nos lleve a una mejor salud, ¡más vitalidad y energía!

Por eso es bueno que analices tu estilo de vida, veas qué cosas te hacían daño, busques alternativas y comiences a vivir mejor, no solo para ti, sino para tu familia, amigos y el planeta.

Antes de finalizar el ayuno te recomiendo que hagas una lista con las cosas que después de haber leído este libro te gustaría cambiar, las cosas que vas a dejar y los pros y contras de las mismas. Por ejemplo, si comías carne a diario o a menudo, analiza cómo te sientes después de varios días de detox y como te sentías antes, piensa en los efectos de comer carnes rojas en tu organismo. También dedica un minuto para pensar en los pobres animales, y la forma en que los maltratan para convertirlos en un producto comercial donde no se respeta la dignidad de estas criaturas de Dios. Piensa también en cómo puedes cambiando tu estilo de vida poner tu granito de arena cuidando el planeta. Ahora, ten en cuenta que, si quieres mantener los beneficios alcanzados hasta este día con el detox, es importante que tengas varias cosas en consideración.

Primero, la forma de romper el ayuno y, segundo, la forma de alimentarte a partir de este momento. Esto es algo que creo será fácil, porque estoy convencida de que si has llegado a leer el libro hasta este punto y has hecho el detox, es porque tu conciencia ha despertado y buscas alternativas más sanas para tu estilo de vida; de otra forma ini siquiera hubieses abierto este libro! Lo más importante, como dije antes, es ino romper el detox con un jugoso bistec! Es necesario ir poco a poco, es más, yo sugiero romperlo con batidos (las recetas están en el capítulo 17), ya que contienen la fibra de los vegetales y las frutas y así no agregas tan pronto a tu cuerpo toxinas provenientes de otros productos que consumías normalmente. Eso lo podrías hacer el primer día y luego ir agregando alimentos sólidos poco a poco, siempre evitando el azúcar, las harinas y los llamados alimentos procesados, que en su mayoría calorías vacías, que no aportan ninguna nutrición, engordan e intoxican el organismo.

Si no quieres continuar con batidos come ligero y orgánico los dos primeros días. Comienza con una manzana orgánica u otra fruta, luego un vaso de agua y un té. Espera un rato y dale tiempo a tu cuerpo a adaptarse. Disfruta el sabor de la fruta y mastica poco a poco. Recuerda que tu digestión ha estado de vacaciones por varios días. Luego puedes tomarte un batido que te hará sentir satisfecho. Para el almuerzo puedes comer una ensalada verde con limón y un poco de sal céltica. En la cena podrías preparar un plato de vegetales al vapor condimentados con especies o una sopa de vegetales. Y antes de dormir una fruta o un té caliente. Luego podrás ir agregando más alimentos, para lo que puedes usar las recetas Pre Detox del Capítulo 18.

Recuerda que para un buen mantenimiento puedes hacer un detox de 24 horas, cenando con un jugo verde de tu predilección, y tomar al día siguiente solo jugos, agua y té hasta la hora de la cena cuando podrás comerte una deliciosa ensalada de vegetales. Es bueno que de ahora en adelante mantengas algunos hábitos saludables, como tomarte el vaso de agua con jugo de limón todas las mañanas. Además de tomar 8 vasos al día, estirarte, hacer ejercicios físicos y de respiración diariamente, así como meditar.

Y aunque ahora todo esto te parezca un poco difícil, una vez que experimentes los cambios que tendrás después del Detox, como la energía, vitalidad, claridad mental, la diferencia enorme para ir al baño, la mejoría en tu piel, pelo y semblante, te darás cuenta de que tendrás muchos deseos de volver a intentarlo.

¡Te deseo mucha suerte y una salud radiante!

CONCLUSIÓN

Lo único que es seguro en esta vida es la muerte. Y en realidad no se trata de evitarla, sino de llegar a ella con dignidad y valiéndonos por nosotros mismos. La vida hay que vivirla a plenitud. Pero tenemos que hacer nuestro mejor esfuerzo para cambiar y vivir una vida saludable. La decisión es nuestra; no sabemos cuántos años vamos a vivir, pero sí podemos lograr que los años que sean estén llenos de vitalidad, energía, salud y alegría, y que podamos vivir con la certeza de que hicimos todo lo que teníamos que hacer para llegar a morir sanos... ¡Salud!

LISTA DE COMPRAS

- [ ] ....
- [ ] ....
- [ ] ....
- [ ] ....
- [ ] ....
- [ ] ....
- [ ] ....
- [ ] ....
- [ ] ....
- [ ] ....
- [ ] ....
- [ ] ....
- [ ] ....
- [ ] ....
- [ ] ....
- [ ] ....
- [ ] ....
- [ ] ....
- [ ] ....
- [ ] ....
- [ ] ....
- [ ] ....
- [ ] ....
- [ ] ....
- [ ] ....
- [ ] ....
- [ ] ....

- [ ] ....
- [ ] ....
- [ ] ....
- [ ] ....
- [ ] ....
- [ ] ....
- [ ] ....
- [ ] ....
- [ ] ....
- [ ] ....
- [ ] ....
- [ ] ....
- [ ] ....
- [ ] ....
- [ ] ....
- [ ] ....
- [ ] ....
- [ ] ....
- [ ] ....
- [ ] ....
- [ ] ....
- [ ] ....
- [ ] ....
- [ ] ....
- [ ] ....
- [ ] ....
- [ ] ....

NOTAS

DIARIO

¡Escribe aquí tu propio diario!

DÍA 1 ||||||||||||||||||||||||||||||||||||||||||||||||||||||||||||||||||

DÍA 2 ||||||||||||||||||||||||||||||||||||||||||||||||||||||||||||||||||

....
....
....
....
....
....
....
....
....
....
....
....
....
....
....
....
....
....
....
....
....
....
....
....
....
....
....
....

DÍA 3 |||||||||||||||||||||||||||||||||||||||||||||||||||||||||||||||||||||||

DÍA 4 ||||||||||||||||||||||||||||||||||||||||||||||||||||||||||||||||||||||||

DÍA 5 ||||||||||||||||||||||||||||||||||||||||||||||||||||||||||||||||

DÍA 6 ||||||||||||||||||||||||||||||||||||||||||||||||||||||||||||||||||||||||||||||||

¿Te atreves?

....

....

....

....

....

....

....

....

....

....

....

....

....

....

....

....

....

....

....

....

....

....

....

....

....

....

....

....

....

TUS PROPIAS CONCLUSIONES

¡Escríbelas aquí!

DÍA 1 |||||||||||||||||||||||||||||||||||||||||||||||||||||||||||||

....

....

....

....

....

....

....

....

....

....

....

....

....

....

....

....

....

....

....

....

....

....

....

....

....

DÍA 2 ||||||||||||||||||||||||||||||||||||||||||||||||||||||||||||||

Tus propias conclusiones

....
....
....
....
....
....
....
....
....
....
....
....
....
....
....
....
....
....
....
....
....
....
....
....
....
....
....
....
....
....

DÍA 3 ||||||||||||||||||||||||||||||||||||||||||||||||||||||||||||

Tus propias conclusiones

....
....
....
....
....
....
....
....
....
....
....
....
....
....
....
....
....
....
....
....
....
....
....
....
....
....
....
....
....
....
....
....

DÍA 4 ||||||||||||||||||||||||||||||||||||||||||||||||||||||||||||||

Tus propias conclusiones

....
....
....
....
....
....
....
....
....
....
....
....
....
....
....
....
....
....
....
....
....
....
....
....
....
....
....
....
....
....
....
....
....
....

DÍA 5 ||||||||||||||||||||||||||||||||||||||||||||||||||||||||||||

Tus propias conclusiones

....
....
....
....
....
....
....
....
....
....
....
....
....
....
....
....
....
....
....
....
....
....
....
....
....
....
....
....
....
....
....
....

DÍA 6 ||||||||||||||||||||||||||||||||||||||||||||||||||||||||||||||||

Tus propias conclusiones

....
....
....
....
....
....
....
....
....
....
....
....
....
....
....
....
....
....
....
....
....
....
....
....
....
....
....
....

BIBLIOGRAFÍA

The Better Brain Book, David Perlmutter, M.D. and Carol Colman
© 2004 by David Perlmutter, M.D. and Carol Colman
(New York, NY, Riverhead Books)

Foods That Heal, Dr. Bernard Jensen
© 1988 by Bernard Jensen
(New York, New York, Penguin Putnam Inc.)

Kundalini Yoga, The Flow of Eternal Power, Shakti Parwha Kaur Khalsa © 1996 by Shakti Parwha Kaur Khalsa
(New York, NY, A Pedigree Book)

Fuente: http://www.dailymail.co.uk/femail/beauty/ article1229275/
Revealed515chemicalswomen bodiesday.html#ixzz1GQIjFsBR

The New Detox Diet, Eson M. Haas, M.D.
© 2004 by Elson M. Hass, M.D.
(Berkeley, California Celestial Arts)

Conscious Eating, Gabriel Cousens, MD.
© 2000 by Gabriel Cousens, M.D.
(Berkeley, California, North Atlantic Books)

Spiritual Nutrition, Gabriel Cousens, M.D.
© 1986, 2005 by Gabriel Cousens, M.D.
(Berkeley, California, North Atlantic Books)

The World's Healthiest Foods, George Mateljan
© 2007 by George Mateljan
(Seattle, Washington, George Mateljan Foundation)

The pH Miracle, Robert O. Young, Ph.D, and Shelley Redford Young
© 2002 by Robert Young, PhD
(New York, NY, Warner Books, INC)

Alkalize or Die, Dr. Theodore A. Baroody, Jr.
© 1991 by Dr. Theodore A. Baroody, Jr., M.A., D.C
(Waynesville, NC, Eclectic Press)

Terapia Gerson, Charlotte Gerson y Beata Bishop
© Editorial Alan Furmanski
(Mexico, Editorial Alan Furmanski)

Detox Solutions, Helen Foster
© 2003 by Hamlyn
(London, England, Octopus Publishing Group Ltd.)

The Sunfood Cuisine, Frederic Patenaude
© 2001 by Frederic Patenaude
(San Diego, CA, Genesis 1:29 Publishing)

Natural Health, Natural Medicine, Andrew Weil, M.D.
© 1995, 1998, 2004 by Andrew Weil, M.D.
(New York, NY, Houghton Mifflin Harcourt Publishing Company)

Eat For Health, Joel Fuhrman, M.D.
© 2008, 2012 by Joel Fuhrman, M.D. Flemington
(NJ, Gift of Health Press)

The China Study, T. Colin Campbell, PhD and Thomas M. Campbell II
© 2006 by Colin Campbell, PhD, and Thomas M. Campbell II
(Dallas, Texas, Benbella Books), 225226

Juice Fasting and Detoxification, Steve Meyerowitz
© 2002 by Steve Meyerowitz
(Great Barrington, MA, Sproutman Publications)

7 Day Detox Miracle, Peter Bennet, N.D., Stephen Barrie, N.D., and Sara Faye
© 2001 by Peter Bennet, N.D., Stephen Barrie, N.D., and Sara Faye
(New York, New York Three Rivers Press)

Fuente: J Environ Public Health. 2012; 2012: 727630.
Published online 2011 October 1 2.doi: 10.1155/2012/727630

LECTURA RECOMENDADA

El Estudio de China
Dr T. Colin Campbell y Dr. Thomas M. Campbell

La milagrosa Dieta del pH
Robert O. Young
Shelley Redford Young

Terapia Gerson Cura del Cáncer y Otras Enfermedades Crónicas
Charlotte Gerson

Libros del Dr. Gabriel Cousens en español:
Comercializados por Antroposofica

Crear Paz Siendo Paz

Cocina Del Arco Iris

Alimentación Consciente

Hay Una Cura Para La Diabetes

Nutrición Espiritual

Libros del Dr. David Perlmutter en Español:

Cerebro de Pan: La Devastadora Verdad Sobre los Efectos del Trigo, el Azúcar y los Carbohidratos

Conecta Tu Cerebro

Libros de Tony Robbins:

Despertando al Gigante Interior

Poder Sin Límites: La Nueva Ciencia del Desarrollo Personal

*Notes from a Friend: A Quick and Simple Guide to Taking Charge
of Your Life*

El Poder De Tu Nombre

Mensaje a un Amigo

Pasos de Gigante

¡Desata Tu Poder Ilimitado!